BLAUE
REIHE

Aus der Blauen Reihe empfehlen wir:

**Finanzierung von Organisationen der Sozialwirtschaft**
**Finanzierungsströme – Finanzgeber – Verhandlungsstrategien**
ISBN 978-3-8029-5451-1

**Sichtbar werden! PR-Strategien und Tipps für soziale Organisationen, Vereine und Unternehmen**
**Handbuch für die tägliche Praxis**
ISBN 978-3-8029-5426-9

**Krisenfestigkeit sozialwirtschaftlicher Unternehmen**
**Befunde und Empfehlungen für ein nachhaltiges Risikomanagement**
ISBN 978-3-8029-5499-3

Wir freuen uns über Ihr Interesse an diesem Buch. Gerne stellen wir Ihnen zusätzliche Informationen zu diesem Programmsegment zur Verfügung.

Bitte sprechen Sie uns an:

E-Mail: WALHALLA@WALHALLA.de
http://www.WALHALLA.de

Walhalla Fachverlag · Haus an der Eisernen Brücke · 93042 Regensburg
Telefon 0941/56 84-0 · Telefax 0941/56 84-111

Hüttenberend · Taubenreuther

# PROFESSIONELLES FÖRDERMITTELMANAGEMENT

Praxishandbuch für mehr Wirkung und Effizienz

WALHALLA

**Bibliografische Information der Deutschen Nationalbibliothek**
Die Deutsche Nationalbibliothek verzeichnet diese Publikation in der Deutschen Nationalbibliografie; detaillierte bibliografische Daten sind im Internet über www.dnb.de abrufbar.

Zitiervorschlag:

**Hüttenberend · Taubenreuther (2025):** Professionelles Fördermittelmanagement
Walhalla Fachverlag, Regensburg

Weitere Infos zur BLAUEN REIHE finden Sie unter: www.fokus-sozialmanagement.de

Walhalla Mediengruppe

WALHALLA – eine Marke der Walhalla Mediengruppe



**Kontakt bei Fragen zur Produktsicherheit:**
Walhalla u. Praetoria Verlag GmbH & Co. KG, Haus an der Eisernen Brücke, 93042 Regensburg, E-Mail: produktsicherheit@walhalla.de, Telefon: 0941 5684-0

**Produktion:** Walhalla Mediengruppe, Regensburg
Umschlaggestaltung: grubergrafik, Augsburg
Printed in Germany
ISBN 978-3-8029-5424-5

Zur Walhalla Mediengruppe gehören die Marken WALHALLA, Deichmann+Fuchs, metropolitan und Annual Multimedia Award.

# Gesamtinhaltsverzeichnis

## Abbildungsverzeichnis



## Tabellenverzeichnis

## Abkürzungsverzeichnis

| | |
|---|---|
| Abs. | Absatz |
| ANBest | Allgemeine Nebenbestimmungen |
| bspw. | beispielsweise |
| bzgl. | bezüglich |
| bzw. | beziehungsweise |
| d. h. | das heißt |
| DSEE | Deutsche Stiftung für Engagement und Ehrenamt |
| DSGVO | Datenschutz-Grundverordnung |
| € | Euro |
| e. V. | eingetragener Verein |
| ebd. | ebenda |
| ggf. | gegebenenfalls |
| gUG | gemeinnützige Unternehmergesellschaft |
| h | hour (englisch für Stunde) |
| JJ/JJJJ | Jahr |
| KI | Künstliche Intelligenz |
| KuF | Koordinierungs- und Fachstelle |
| lfd. | laufend/e |
| LoI | Letter of Intent |
| M.E.A.L. | Monitoring (Überwachung), Evaluation (Bewertung), Analysis Analyse) Learning (Lernen)) |
| MM | Monat |
| Nr. | Nummer |
| PfD | Partnerschaft für Demokratie |
| S. | Seite |
| u. a. | unter anderem |
| vgl. | vergleiche |
| vs. | Versus |
| VZÄ | Vollzeitäquivalent |
| z. B. | zum Beispiel |

# Einleitung

**Nina**: Hey Sarah, wir müssen noch die Einleitung schreiben. Warum haben wir uns eigentlich entschieden, dieses Buch zu schreiben?

**Sarah**: Du hast mich angerufen und es vorgeschlagen!

**Nina**: Sehr witzig. Aber warum hast du zugesagt? Und du warst, wenn ich dich erinnern darf, richtig begeistert!

**Sarah**: Das bin ich immer noch! Denn ich sehe das Thema „Fördermittel" in erster Linie als Chance. Ich habe selbst erlebt, welche Möglichkeiten sich dadurch für das eigene Engagement eröffnen können. Wir haben mit ZWEITZEUGEN angefangen, als ich noch im Studium war. Wir waren eine Gruppe von Freundinnen, die eine Idee hatten, die etwas bewirken und verändern wollten. Und dafür brauchten wir Fördermittel. Dann habe ich auch erlebt, was gute Förderbeziehungen ausmachen, wie man gemeinsam für eine Sache einsteht, wie man gemeinsam wächst und wie sich immer wieder neue Perspektiven und Möglichkeiten ergeben. Heute ist ZWEITZEUGEN e. V. zu einer richtigen Organisation herangewachsen mit festen Mitarbeitenden, großartigen Wegbegleitern und Unterstützerinnen. Und dann kamst du ja dazu und hast das gesamte Fördermittelmanagement nochmal optimiert. Diese ganzen Erfahrungen möchte ich gerne mit anderen teilen. Warum warst du denn so begeistert?

**Nina**: Mir ging es natürlich ähnlich. Ich glaube auch, dass in einer Organisation wahnsinnig viel Potenzial freigelegt werden kann, wenn es im Hintergrund gut läuft. Wir haben auch viele verschiedene Förderungen kennengelernt und Standards entwickelt, die uns helfen, sehr effizient und optimiert zu arbeiten. Und je besser wir werden, desto mehr Wirkung entfaltet der Verein. Die Idee, dieses Wissen weiterzugeben und darüber zu schreiben, finde ich immer noch super.

**Sarah**: Wir haben ja auch mit vielen Wegbegleiterinnen und Wegbegleitern gesprochen für das Buch. Sowohl mit der Fördererseite als auch mit Mittelempfängerinnen. Rupert Antes von der Haniel Stiftung hat es in unserem Gespräch gut auf den Punkt gebracht. Ich hatte ihn gefragt, ob er sich an ein Beispiel erinnert, bei dem das Fördermittelmanagement aus seiner Sicht richtig gut war. Er erzählte von einem Projekt, das neben den geforderten Zahlen und Berichten noch eigene Auswertungen lieferte. Das hat für die Stiftung ganz neue Wirkziele und Erkenntnisse erschlossen. Und gleichzeitig hatten sie direkt einen Anknüpfungspunkt für die weitere Zusammenarbeit. Das ist hängen geblieben.

**Nina**: Und es zeigt, was hinter gutem Fördermittelmanagement steckt: der Perspektivwechsel und die Konzentration auf das gemeinsame Wirken. Fördermittelmanagement ist auch nie langweilig. Es geht um Kooperation, Mitdenken und Gestaltung. Es geht um Sorgfalt und natürlich auch um Präzision. Am Ende ist das Ziel, richtig gute Arbeit für einen gemeinnützigen Zweck zu machen. Also für die Gesellschaft. Das geht am besten Hand in Hand!

**Sarah:** In diesem Sinne: Viel Spaß beim Lesen und Gesellschaft gestalten![1]

---

1 Dieses Gespräch hat beinahe so stattgefunden.

# Anleitung zum Buch

Wir haben dieses Buch geschrieben, um Berührungsängste abzubauen – oder positiv ausgedrückt: Wir wollen Lust auf und Mut zu richtig gutem Fördermittelmanagement machen. Wichtige Grundlagen dafür sind ein guter Überblick und praxisnahe Informationen, die wir gerade denjenigen mitgeben möchten, die sich noch nicht intensiv mit der Thematik auseinandergesetzt haben. Für all diejenigen, die in ihrem Alltag mit Fördermittelmanagement zu tun haben, bieten wir zudem Tipps, Tools und Vorlagen zur Umsetzung an.

Dafür greifen wir auf Wissen aus über 20 Jahren praktischer Arbeit zurück. Viele Beispiele, Tipps und Methoden entnehmen wir somit unserer eigenen Erfahrung. Hinzu kommen Gedanken, Hinweise und wichtige Perspektiven aus zahlreichen Gesprächen mit Förderpartnerinnen und Förderpartnern, Verantwortlichen für Fördermittel auf Projektseite, Gründerinnen und Gründern, Menschen aus der Wohlfahrt und gemeinnützigen Organisationen.

### Struktur und Kerninhalte

Wir haben die Struktur basierend auf den verschiedenen Phasen eines Projektes aufgebaut. Entsprechend beginnen wir mit den Fragen, die Sie sich bereits vor Antragstellung stellen sollten, um einschätzen zu können, ob ein Projekt realistisch durchführbar ist. Ebenfalls vor Antragstellung beginnt im besten Fall bereits der Kontakt zur fördernden Organisation. Dem Thema „Kommunikation" haben wir an dieser Stelle bewusst ein eigenes Kapitel gewidmet. Es folgt ein Blick auf den Antrag inklusive der Vorhabenbeschreibung, des Kosten- und Finanzierungsplans sowie der typischen Anhänge. Den theoretischen Kern bilden schließlich Förderbescheid und Förderbedingungen. Diese Dokumente erreichen die Organisation im Fall einer Förderzusage und bilden die vertragliche Grundlage einer Förderung. Oft sind diese umfangreich und nicht immer unmittelbar verständlich.

Aus diesem Grund haben wir das Kapitel nach den wichtigsten wiederkehrenden inhaltlichen Themen gegliedert und zusätzlich ein Glossar der relevanten Begriffe, die sich zum Thema „Förderbedingungen" finden lassen, ergänzt. Wie Förderbedingungen schließlich in die Praxis übertragen werden, welches Team Sie hierfür brauchen, was Ihnen dabei hilft, ein Projekt erfolgreich durchzuführen, und was Sie für ein gutes Projektcontrolling zwingend beachten sollten, finden Sie im Kapitel „Fördermittel managen in der Durchführung". Mit dem Projektende geht es in die letzte Phase des Fördermittelmanagements und damit auch zu unserem letzten Kapitel, dem Thema „Abrechnung und Abschluss".

Da wir aus der Praxis kommen, schätzen wir Methoden, die direkt einsetzbar sind. Sie finden aus diesem Grund immer wieder Raum für Notizen, Fragen, die wir als wertvoll oder wichtig erachten, konkrete Übungen und verlinkte Vorlagen, die Sie gerne direkt für Ihr Fördermittelmanagement nutzen können. Dieses Buch ist eine Einladung zum Hineinarbeiten und Nachschlagen.

### Unsere Definition von Fördermittelmanagement bzw. was dieses Buch nicht ist

Projektförderungen sind sehr verschieden und die Förderbedingungen von Fördermittelgeberin zu Fördermittelgeber unterschiedlich. Wir erheben nicht den Anspruch, mit diesem Buch eine Anleitung für jedes mögliche Projektvorhaben anzubieten. Ebenso wenig kann oder will es ein Fundraising-Guide oder Krisenmanager sein.

Fördermittelmanagement bedeutet für uns, Fördermittel verantwortungsvoll und entsprechend den gestellten Förderbedingungen zu verwalten und dabei nachhaltige Förderbeziehungen aufzubauen. Dafür fokussieren wir uns insbesondere auf zweckgebundene Mittel, also Projektförderungen für gemeinnützige Zwecke. Diese bilden einen wichtigen Teil der üblichen Themen im Fördermittelmanagement ab. Wir behandeln weder öffentliche Ausschreibungen noch die Themen „Ungebundene Mittel", „Strukturmittel", „Bau- oder Forschungsförderungen" sowie „Spezifika von Weiterleitungen".

**Was erwarten Sie von diesem Buch?**

An dieser Stelle möchten wir die Frage an Sie richten: Warum halten Sie dieses Buch in Ihren Händen? Gab es einen konkreten Anlass, das Buch zu kaufen? Wurde es Ihnen mit einem Hinweis oder sogar mit einer Erwartungshaltung gegeben? Gerade in größeren oder komplexen Prozessen (und ja, Fördermittelmanagement kann komplex werden) hilft es sehr, sich immer wieder die Ursprungsfrage sowie die eigene Motivation vor Augen zu führen. Ihre Antworten auf diese Fragen können Ihnen dabei helfen, gezielt durch dieses Buch zu navigieren.

**Reflexion**

Warum halten Sie dieses Buch in Ihren Händen?

Gab es einen konkreten Anlass, das Buch zu kaufen?

Eine wichtige letzte Anmerkung: Wir verwenden sowohl das generische Femininum als auch das generische Maskulinum kapitelweise abwechselnd.

## Unsere Gesprächspartnerinnen und -partner in diesem Buch

Wir haben für dieses Buch mit verschiedenen Menschen aus unserem Netzwerk gesprochen, die mit Fördermittelmanagement befasst sind. Sie finden die Stimmen, Beispiele und Tipps dieser Menschen aus der Praxis an vielen Stellen wieder:

*Rupert Antes*
Geschäftsführer, Haniel Stiftung

© Jens Hannewald

*Jens Busch*
Geschäftsführer, climb

© Zweitzeugen e. V.

*Ruth-Anne Damm*
Geschäftsführerin, ZWEITZEUGEN e. V.

© Craig Bystrynski

*Bryan Fellbusch*
German Operations Manager, Widen the Circle

© Lisa Tebbe

*Lena Hartmann*
Bereichsleitung Finanzen und Fundraising, ZWEITZEUGEN e. V.

*Dennis Hoenig-Ohnsorg*
Geschäftsführer, Zukunftswerft gUG

*Sarah Keller (anonymisiert)*
Vorständin eines Wohlfahrtsverbands

*Harald Maas*
Koordinierungs- und Fachstelle der Partnerschaft für Demokratie der Stadt Göppingen, BruderhausDiakonie

© Acker e. V.

*Rebecca Rank*
Clusterlead-Partner und Netzwerk,
Acker e. V.

Einige der geführten Interviews finden Sie am Ende dieses Buchs.

# 1. Passende Förderungen finden

Gemeinnützige Organisationen haben sich einem bestimmten Zweck verschrieben, der dem Gemeinwohl dient. Dies ist der Rahmen, in dem sie ihre Arbeit gestalten. Zur Finanzierung dieser Arbeit braucht es Förderpartner, die ebenfalls ein Interesse daran haben, ein Vorhaben in diesem Bereich finanziell oder durch Pro-bono-Leistungen zu unterstützen. In diesem ersten Kapitel wird ein Blick darauf geworfen, wie gemeinnützige Organisationen passende Partner zur Förderung ihrer Ideen identifizieren. Dabei werden zwei Fälle betrachtet:

1. Für eine konkrete Idee innerhalb der Organisation wird ein passender Förderpartner gesucht.

2. Die Organisation stößt auf eine Ausschreibung, die die Arbeitsfelder und den Organisationszweck umfasst.

Im Folgenden wird beschrieben, wie ein Check ablaufen kann und was im Vorfeld geprüft werden sollte, um zu entscheiden, ob ein Antrag gestellt werden kann.

## 1.1 Von der Idee zur Ausschreibung und umgekehrt

*Von der Idee zur passenden Ausschreibung*

Im ersten Fall hat die Organisation eine konkrete Projekt- oder Entwicklungsidee und sucht hierfür eine Finanzierung. Dieses konkrete Vorhaben kann grundsätzlich erst einmal jede Größe und jedes Thema haben: die Umgestaltung der Organisationswebseite, ein Bildungsprogramm für die Region oder gar ein europaweites Austauschprogramm. Zunächst ist es wichtig, die Natur des Vorhabens zu benennen. Ist es ein Strukturvorhaben (die Organisationswebseite), ein Vorhaben im Rahmen des bereits vorhandenen Angebots der Organisation oder ein Modellprojekt, das noch nie da gewesen ist? Unterschiedliche Förderpartner fördern unterschiedliche Arten von Projekten. Man kann davon ausgehen, dass sich mehr mögliche Förderpartner identifizieren lassen, wenn es um ein abgeschlossenes Projekt mit hohem Innovationsgrad geht. Schwieriger zu finanzieren sind Strukturprojekte, die keinen unmittelbaren Einfluss auf die Zielgruppen haben. Ebenfalls schwieriger ist es, Mittel für „das Standardangebot" der Organisation zu finden.

**Beispiel:**

Für eine Organisation, die geflüchtete Menschen mit lokalen Sportvereinen zusammenbringt und lokale Begegnungsarbeit macht, ist dies das Standardangebot. Innovations- und Modellcharakter hätte ein Vorhaben, das über dieses Angebot hinaus z. B. KI für die Vernetzung mit anderen Organisationen einsetzt. Oder ein Begegnungsfestival, das veranstaltet wird. Ordnen Sie also das Vorhaben zunächst ein und gehen Sie auf die Suche nach möglichen Förderpartnern.

Nun sollte das eigene Netzwerk nach passenden Förderern durchsucht werden, um passende Förderpartner zu identifizieren, die Natur und Zweck des Vorhabens fördern würden. Hierzu lohnt sich neben der direkten Ansprache Ihnen bekannter Förderpartner auch die Onlinerecherche und die Recherche in Förderdatenbanken.

Alle Ausschreibungen oder fortlaufenden Förderangebote von Stiftungen, öffentlichen Stellen oder Wettbewerben geben in der Regel klar vor, ob Struktur- und Fortbestandsvorhaben gefördert werden oder ob ausschließlich modellhafte Ideen eingereicht werden können. Ebenfalls geben viele Ausschreibungen eindeutig vor, in welchem Tätigkeitsfeld sich die Förderprojekte bewegen müssen, um als förderfähig angesehen zu werden. Ist diese Information nicht auf den ersten Blick auffindbar, lohnt sich ein Blick in die Förderrichtlinien oder eine Kontaktaufnahme mit der konkreten Frage.

**Tipp:** Es ist sehr sinnvoll und erleichtert die Identifikation möglicher Geldquellen, sich eine Liste oder Datenbank mit Fördererkontakten, deren Schwerpunkten, Ausschreibungsterminen, Ausschreibungszyklen und ggf. Feedback zu vorangegangen Förderungen anzulegen und zu pflegen. Hier können auch weitere Informationen aus Gesprächen mit den Partnern gesammelt werden.

*„Die besten Kontakte ergeben sich für mich beim sogenannten Networken. Also bei direkten Gesprächen mit möglichen Partnerinnen und Partnern auf Veranstaltungen, manchmal auch im Zug, oder, bei mir der sicherlich skurrilste Moment, in der Sauna. Das kann jeder und jede in der Organisation tun. Tue Gutes und rede darüber – da ist ganz viel Wahres dran."*

*Ruth-Anne Damm, ZWEITZEUGEN e. V.*

***Von der Ausschreibung zur Idee***

Nun soll der Fall betrachtet werden, in dem die Organisation auf eine Ausschreibung stößt, die aufgrund des Themas oder Schwerpunkts (bspw. „Demokratieförderung im ländlichen Raum") besonders gut zum Organisationszweck passt.

In diesem Fall wird geprüft, ob sich daraus eine konkrete Projektidee entwickeln lässt. Die Natur (Strukturförderung, Modellprojekt) ist dann in der Regel vorgegeben – ebenso wie weitere Bedingungen, die Sie zunächst prüfen:

- Wie ist die Laufzeit?
- Wer kann Zielgruppe sein?
- In welcher Region darf das Vorhaben durchgeführt werden?
- Muss/Kann Ehrenamt eingebunden werden?
- Welche Kostenarten werden gefördert?
- Welche Fördersumme wird (maximal) zur Verfügung gestellt?
- Darf Bestandspersonal eingebunden werden?

Anhand dieser Kriterien kann nun eine Projektidee entwickelt werden, die zu der Ausschreibung passt. Auch hier lohnt sich die Kontaktaufnahme zur fördernden Institution zur Klärung von Fragen, und auch, um sich dem potenziellen Förderpartner vorzustellen.

Diese ersten Gespräche liefern häufig wichtige Hinweise, die die Erfolgschancen eines Antrags erhöhen können. Es kann ebenfalls sinnvoll sein, zu vergangenen Projekten zu recherchieren, die von der ausschreibenden Institution bereits eine Förderung erhalten haben.

## 1.2 Machbarkeit und Personaleinsatz prüfen

*„Ein gutes Management beginnt früh, indem man sich beim Beantragen, beim Kontakt mit dem Fördermittelgeber und beim Aushandeln der Konditionen möglichst klug verhält, sodass man hinten raus weniger Probleme, weniger Aufwand oder weniger Arbeit hat."*

*Jens Busch, climb*

Bevor nun ein Antrag mit Finanzplan erstellt und eingereicht werden kann, muss eine Machbarkeitsprüfung durchgeführt werden. Konkret müssen folgende Fragen beantwortet werden:

**Erfüllt unsere Organisation alle (rechtlichen) Voraussetzungen zur Antragstellung?**

Entspricht die eigene Organisationsform derjenigen, die zur Antragstellung berechtigt ist? Gibt es regionale oder strukturelle Einschränkungen? Können sich bspw. nur Organisationen mit Sitz in einem bestimmten Bundesland oder mit einer bestimmten Größe bewerben?

*„Also wir hatten neulich den Fall, dass für eine Förderung nur Organisationen mit maximal sechs Mitarbeitenden infrage kamen. Da waren wir raus. Da gab es dann auch keinen Verhandlungsspielraum, das war ein hartes Kriterium."*

*Rebecca Rank, Acker e. V.*

**Sind alle Kostenarten förderfähig?**

Ist ein Vorhaben geplant, bei dem ausschließliche Personalkosten entstehen, so muss dies auch von der potenziellen Förderung vorgesehen sein. Einige Fördergeldgeber geben bestimmte Anteilsgrenzen an, die eine Kostenart in der Gesamtkostenplanung nicht übersteigen darf (bspw. maximal 30 Prozent Personalkosten). Andere Förderer schließen bestimmte Kostenarten ganz aus. Es gilt zu prüfen, ob das geplante Vorhaben diese Bedingungen berücksichtigt und unter diesen Bedingungen umsetzbar ist.

**Gewährt der Geldgeber eine Verwaltungskostenpauschale?**

Insbesondere in Wachstumsphasen einer Organisation können sogenannte Verwaltungskosten überproportional wachsen. Mit Verwaltungskosten sind diejenigen Kosten gemeint, die für den Betrieb der Organisation anfallen, aber nicht eindeutig und unmittelbar dem Projekt zuzuordnen sind. Beispiele sind die Kosten für eine Buchhaltungssoftware, Beratungskosten durch Steuerberater und Wirtschaftsprüfer oder auch Personalkosten für Mitarbeitende in der Organisationsleitung oder der Administration, für die sich in der Regel mit jedem zusätzlichen Projekt auch Mehrarbeit ergibt. Einige Förderungen sehen hierfür eine Pauschale (bspw. 10 Prozent der Gesamtprojektkosten) vor. Es lohnt sich, dies zu erfragen, sollte es aus den Ausschreibungsunterlagen nicht hervorgehen.

**In welcher Höhe und Form muss ein Eigenanteil geleistet werden?**

Die meisten Förderungen sehen vor, dass die antragstellende Organisation sich selbst mit einem bestimmten (geldlichen) Anteil am Projekt beteiligt. Dieser Eigenanteil hat in der Regel einen festen prozentualen Wert, bezogen auf die Gesamtkosten des Projektes. Der Eigenanteil kann geldlich, durch bürgerschaftliches Engagement oder als Mischform vorgesehen sein. Es gilt nun für die antragstellende Organisation, zu prüfen, ob diese Mittel in der notwendigen Höhe eingebracht werden können. Konkret heißt das, die Organisation muss die Einwerbung dieser Mittel in die Fundraising-Planung mit aufnehmen, geeignete Rücklagen prüfen und die Einsatzplanung von Ehrenamt berücksichtigen. Nur so kann eine Risikoabschätzung vorgenommen werden, ob der notwendige Eigenanteil die Gesamtfinanzierung der Organisation gefährdet. Für die

Entscheidung, ob ein Antrag gestellt werden kann, bedarf es zu diesem Zeitpunkt vor allem der Einschätzung, ob dieser realistischerweise und risikoarm eingebracht werden kann.

*Ist die Liquidität der Organisation gewährleistet?*

Die meisten Förderer geben an, zu welchen Zeitpunkten und zu welchen Teilen die Fördersumme ausgezahlt wird. Die antragstellende Organisation muss prüfen, ob zu jedem Zeitpunkt ausreichend liquide Mittel zur Verfügung stehen, um die Verbindlichkeiten der Organisation zu decken. Insbesondere Mittel für Personal bedürfen hier besonderer Betrachtung. Es gibt Fälle, in denen die gesamte Fördersumme erst nach Abschluss des Förderzeitraums zur Verfügung gestellt wird. In diesem Fall müssen Sie in der Lage sein, alle anfallenden Verbindlichkeiten vorzufinanzieren. Sind in der Ausschreibung oder den Hinweisen zur Antragstellung keine entsprechenden Angaben zur Auszahlung zu finden, empfiehlt es sich, dies beim Förderpartner vor Antragstellung zu erfragen.

**Achtung!** Es können bei einer Förderung Kosten entstehen, die nicht mehr im Bewilligungszeitraum liegen und daher in einigen Fällen auch nicht als förderfähig anerkannt werden. Dies gilt z. B. für die Entrichtung der Lohnsteuer, die immer erst im Folgemonat erfolgt.

*Investitionskosten: Was kostet die Antragstellung?*

Diese Frage mag erst einmal etwas merkwürdig klingen, aber selbstverständlich investieren Sie Mittel für die Antragstellung, die nicht von der Förderung gedeckt sind (da sie nicht zur Durchführung des Vorhabens gehören und auch zeitlich nicht in den Durchführungszeitraum fallen).

Zuallererst fallen Personalkosten an. In der Regel empfiehlt es sich, eine Antragstellung gemeinsam mit den entsprechenden Fachpersonen aus der Organisation zu bearbeiten. Hierdurch werden Personalressourcen gebunden und es entstehen Kosten. Es können aber auch weitere Kosten und Gebühren anfallen, wenn etwa Gutachten, Beglaubigungen, Übersetzungen oder ein Lektorat notwendig sind, um alle geforderten Unterlagen beizubringen.

**Beispiel:**

Ein Antrag an eine internationale Stiftung muss in englischer Sprache gestellt werden. Die Organisation entscheidet sich, die Übersetzung durch einen Dienstleister durchführen zu lassen. Gleichzeitig fordert die Stiftung eine beglaubigte und zertifizierte Übersetzung des Freistellungsbescheids. Hierfür fallen ebenfalls Kosten an.

Bei der Abschätzung der notwendigen Mittel, die Sie für die Antragstellung aufbringen müssen, muss das Risiko einkalkuliert werden, dass der Antrag nicht positiv beschieden wird. In den meisten Fällen lohnt sich die Investition, da die Dokumente und Texte bei negativem Bescheid für Anträge an alternative Fördergeldgeber dienen können. Diese Kosten werden jedoch in keinem Fall durch die Förderung selbst gedeckt und sind daher Investitionen.

*Förderhöhe einbeziehen*

Ebenfalls mit in die Überlegung einfließen muss die Förderhöhe. Ist bereits absehbar, dass der Antragsprozess hohe Kosten und Zeit verursacht, die Förderhöhe aber gering ist, muss eine Kosten-Nutzen-Entscheidung getroffen werden.

*„Manchmal steht der administrative Aufwand eines Projektes der inhaltlichen Arbeit in nichts nach. Da hat sich schon viel getan auf Partnerseite, aber es gibt immer noch Institutionen, die papierreiche Nachweise in doppelter Ausführung und in einer ganz bestimmten Form fordern. Das ist mittlerweile sogar ein Ausschlusskriterium für uns, wenn die Förderung sehr klein und die Nachweispflichten sehr groß sind. Dann verpuffen die Mittel, weil wir so viel Mehraufwand für die Berichte und Nachweise haben. Das ist oft aber auch vor einer Bewilligung gar nicht so leicht einzuschätzen. Daher meine klare Empfehlung, dies vorher zu klären."*

*Rebecca Rank, Acker e. V.*

**Welches Personal soll eingesetzt werden und welche (Folge-) Kosten können entstehen?**

Planen Sie ein Projekt, in dem Personal zum Einsatz kommt, so empfiehlt es sich, vor der Antragstellung verschiedene Abwägungen zu treffen:

- Darf **Bestandspersonal** im Projekt eingesetzt werden? Viele Fördergeldgeber verlangen eine klare Abgrenzung der Aufgabenbereiche und der Tätigkeiten, die im Projekt anfallen. Konkret: Eine Förderung soll kein Tagesgeschäft mitfinanzieren, sondern ausschließlich für das Projekt eingesetzt werden. In der Konsequenz heißt das: Soll Bestandspersonal im Förderprojekt eingesetzt werden, müssen Verträge um die entsprechenden Wochenarbeitsstunden aufgestockt oder Verträge in Gänze umgeschrieben werden, um den Einsatz der Mitarbeitenden im Förderprojekt klar abzugrenzen. In einigen Förderungen können dazu Stundennachweise notwendig sein, die die Tätigkeiten im Projekt eindeutig belegen.
- Müssen **Stellen** ausgeschrieben werden? Hier können Kosten für das Recruiting entstehen. Gleichzeitig sollten Sie eine Einschätzung treffen, ob sich entsprechende Stellen gut besetzen lassen. In einigen Projekten können bestimmte Stellen mit nur sehr geringen Wochenarbeitsstunden eingeplant sein. Dies kann dazu führen, dass die Stellenprofile weniger attraktiv für etwaige Bewerber sind. Gleiches gilt auch für die Laufzeit der Verträge. Es kann eine Hürde darstellen, Arbeitnehmer für kurze Projektlaufzeiten und befristete Arbeitsverträge zu gewinnen. Dies ist aber gleichzeitig auch die Realität in drittmittelfinanzierten Organisationen.
- Ist es im **Tätigkeitsfeld** Ihrer Organisation wahrscheinlich, qualifizierte Personen zu finden? Je höher der Grad an Fachwissen ist, den die Stellen im Projekt erfordern, desto kleiner ist der Kreis der infrage kommenden Personen.
- Ist die **Vergütung** von Personal an bestimmte Tarife gebunden? Entsprechen diese Tarife der Gehaltsstruktur der Organisation?
- Kann das **Besserstellungsverbot** eingehalten werden? Insbesondere öffentliche Stellen machen zur Bedingung, dass gefördertes Personal nicht bessergestellt und besser vergütet werden darf als äquivalente Positionen im öffentlichen Dienst.

**Gibt es ethische Fragen, die geprüft werden müssen?**

Jede gemeinnützige Organisation sollte einen eigenen ethischen Kodex definieren, welche Förderpartner infrage kommen und welche aus ethischen Gründen ausgeschlossen werden. Hierbei geht es vor allem um die Fragen, ob fördernde Institutionen und Unternehmen Zwecke wie Greenwhasing oder Whitewashing verfolgen könnten, ob sie politisch in eine extreme Richtung tendieren oder ob Geld aus Wirtschaftszweigen generiert wird, die die Organisation mit ihrem Zweck nicht vertreten oder unterstützen kann und will.

*Definition „Greenwashing" und „Whitewashing"*

**Greenwashing**: „Sich grün waschen" bedeutet die Verschleierung eigener ökologischer Verfehlungen.

**Whitewashing:** „Sich rein waschen" bedeutet die Verschleierung fragwürdiger Geschichten oder Praktiken.

**Zwei Beispiele:**

- Eine Organisation, deren Zweck es ist, antisemitismuskritische Bildungsarbeit durchzuführen, muss sicherstellen, dass fördernde Institutionen die eigene Geschichte im Nationalsozialismus aufgearbeitet haben und die notwendige Transparenz zur eigenen Rolle, zum Einsatz von Zwangsarbeit, zu Rüstungsgeschäften und zur Beteiligung an Verbrechen gegen die Menschlichkeit schaffen.
- Eine gemeinnützige Organisation, die ökologische Bildung zum Zweck hat, sollte ein besonderes Augenmerk darauf legen, ob sich mögliche Förderpartner ein besseres ökologisches Image (Greenwashing) von der Unterstützung versprechen.

*„Wir schauen erst einmal aus ethischer Perspektive auf mögliche Partnerschaften oder Förderungen. Es gibt einen sogenannten Partnercheck oder Partnerkodex. Das betrifft weniger Stiftungen und öffentliche Förderungen, aber z. B. Förderungen von Unternehmen, bei denen wir prüfen, welche Absicht hinter einem Unterstützungswillen steht. Teilen wir die gleichen Werte und Ziele oder geht es gar um Greenwashing? Hierbei ist entscheidend, wie das Unternehmen arbeitet, ob es in der Vergangenheit kritische Themen hinsichtlich Nachhaltigkeit und Ökologie gab und so weiter. Oder ist da aus anderen Gründen keine Augenhöhe gegeben?"*

*Rebecca Rank, Acker e. V.*

*Sind alle Fristen, Termine und Zeiträume einzuhalten?*

Schließlich müssen Sie prüfen, ob die Antragstellung fristgerecht erfolgen kann. Außerdem sollten sie klären, ob der vorgesehene Durchführungszeitraum realistisch ist. Sind andere große Projekte in dieser Zeit geplant und binden Ressourcen oder gar die Zielgruppe? Ist die Dauer variabel und welche Projektdauer wäre optimal?

Ergibt die Machbarkeitsprüfung, dass ein Antrag eingereicht werden kann, ist schon viel Vorarbeit für eine reibungslose Durchführung geschehen. Bevor es nun um die konkrete Antragstellung geht, möchten wir im folgenden Kapitel über Kommunikation sprechen und darüber, wie eine Beziehung zu einem Förderpartner gestaltet werden kann, sodass eine echte und bestenfalls langfristige Partnerschaft auf Augenhöhe daraus entsteht.

## 2. Von guter Kommunikation zur Förderbeziehung

Wir kennen das: Häufig wird die Ausschreibung kurz vor der Deadline gefunden oder man hatte einfach viel zu tun. Dann schreibt man noch bis spät am Abend einen Antrag; die meisten Fragen werden auch verständlich auf der Ausschreibungsseite beantwortet. Das kann funktionieren. Dennoch möchten wir bewusst bereits vor dem Kapitel „Antrag schreiben" (S. 49ff.) über Kommunikation mit der Förderpartnerin – oder besser: über die Förderbeziehung – sprechen.

Wie anspruchsvoll eine professionelle Kommunikation und wie wichtig die Beziehung zur Mittelgeberin für das Fördermittelmanagement ist, wird gerne unterschätzt. Dabei können Fragen zum Antragsverfahren oder zum Vorhaben wesentlich mehr als Unklarheiten ausräumen. Im besten Fall ist Ihre Ansprechpartnerin auf der anderen Seite Ihre Verbündete und aus der ersten Kontaktaufnahme wird eine sehr gute, langjährige und vertrauensvolle Zusammenarbeit.

*Ziele guter Förderkommunikation*

Gute Förderbeziehungen erhöhen die Wahrscheinlichkeit einer Förderzusage, machen es leichter, gemeinsam Lösungen zu finden, wenn etwas schief geht, sie können Projekte verbessern und sogar erneute Förderungen ermöglichen. Das Kapitel „Beziehungspflege"lohnt sich also auf allen Ebenen, vom ersten Kontakt über die gesamte Projektlaufzeit und darüber hinaus.

*„Das Beste ist […], wenn wir sehen, wie Förderpartner mit uns gemeinsam wachsen. Wir haben Partner, die haben uns zu Beginn mit einer kleineren Spende für Sachmittel unterstützt und […] sind [heute] einer unserer Hauptförderpartner, die viele Ideen und Impulse für unsere Arbeit mitbringen. […] Gemeinsam für die gute Sache zu arbeiten, kann wirklich Kräfte entfalten. Eine Partnerschaft auf Augenhöhe ist dabei der beste Anfang."*

*Rebecca Rank, Acker e. V.*

Welche Ziele Sie verfolgen, ist sicherlich je nach Situation und Förderung unterschiedlich. Wir haben in den unterschiedlichen Förderpartnerschaften festgestellt, dass es zwei Phasen der Kommunikation gibt, die bewusst genutzt und gestaltet werden können.

*Vorab: Chancen klären und nutzen*

Zu Beginn geht es darum, herauszufinden, ob eine Zusammenarbeit formal machbar, wirkungsvoll und von beiden Seiten gewünscht ist. Dafür müssen Sie in Erfahrung bringen, was Ihr Gegenüber wirklich möchte (Zauberwort: zuhören), Sie müssen sich selbst über Ihre Ziele und Angebote im Klaren sein, Sie sollten alle Vorteile und Kontakte nutzen, die Sie haben, und auf den Punkt kommen können.

*Während der Förderung: Vertrauen aufbauen*

Herzlichen Glückwunsch: Ihr Projektvorhaben wird gefördert! Ihre Förderpartnerin vertraut mit ihrem Geld darauf, dass sie sich auf Sie verlassen kann, dass Sie die Kompetenz haben, das Vorhaben erfolgreich umzusetzen und dass Sie ihr gegenüber ehrlich sind. Dieses Vertrauen sollten Sie mit einer professionellen Kommunikation erwidern.

Auf der Basis solch einer vertrauensvollen Zusammenarbeit können nachhaltige Beziehungen entstehen. Hier schauen wir auf die emotionalen und individuellen Feinheiten von Kommunikation: Begeistern Sie Ihre Förderpartnerin, begegnen Sie ihr mit Wertschätzung und auf Augenhöhe, bleiben Sie transparent, ohne zu überfordern, und übernehmen Sie Verantwortung auch in kritischen Momenten.

Mit all diesen Punkten können Sie nach und nach Reputation aufbauen, die einer der wichtigsten Faktoren Ihres Fördermittelmanagements sein kann.

### 2.1 Vorab: Chancen klären und nutzen

Ob bei einer Veranstaltung, durch einen Akquiseanruf, die Empfehlung eines gemeinsamen Kontakts oder bei einem verabredeten Kennenlerntermin: Ziel von erster Kommunikation ist es immer, gemeinsam herauszufinden, ob es eine Form der Zusammenarbeit geben kann, die beiden Seiten dient. Dafür benötigen beide Gesprächspartnerinnen den Raum sowie ein Bewusstsein für das, was sie brauchen und was sie anbieten können.

*Authentisch und klar sein*

Potenzielle Förderpartnerinnen werden sehr häufig angesprochen. Sie haben wahrscheinlich wenig Zeit, schätzen eine gute Vorbereitung, Klarheit und Authentizität. Entsprechend dieser Herausforderungen haben wir das Kapitel in vier Aspekte aufgeteilt, die speziell für einen Erstkontakt mit Fördermittelgeberinnen relevant sind.

*Es geht nicht um Sie*

Bei jedem Kennenlernen mit einer potenziellen Förderpartnerin, selbst bei einem Beratungs- oder Erstgespräch mit dem Titel „Projektvorstellung (Ihr Organisationsname)", geht es nicht um Sie oder Ihr Projekt. Jedenfalls nicht allein. Denn es stehen sich immer zwei Parteien mit der Frage gegenüber: „Gibt es eine Vision einer Zusammenarbeit, von der beide einen Vorteil für die eigene Arbeit haben?" Denn auch Ihre potenzielle Geldgeberin kommt mit einer eigenen Agenda, eigenen Bedarfen, Interessen und Visionen.

*Zuhören und nachfragen*

Ebenso wie diese Tatsache gerne übersehen wird, wird auch das Zuhören an sich unterschätzt. In einer Fundraising-Beratung wurde uns einmal gesagt: „Haltet Euch an die 80-zu-20-Regel." 80 Prozent des Gesprächs sollte Ihr Gegenüber reden, Sie selbst maximal 20 Prozent. Mit dem Ziel, möglichst viel über die Erwartungen, Ziele sowie Motivation des Gegenübers herauszufinden, klingt diese Faustregel sinnvoll. Wer nicht ausreichend Raum gibt und nicht zuhört, hat es schwerer, herauszufinden, was die Gesprächspartnerin mit ihrem Geld bewirken möchte, von einem geförderten Projekt erwartet und wie man selbst eine attraktive Partnerin werden kann.

*Die Zeit im Blick behalten*

In den folgenden Jahren haben wir uns immer wieder in Gesprächssituationen mit Fördermittelgeberinnen beobachtet. Und was sollen wir sagen? Wir haben uns ertappt – z. B. als wir für einen 45-minütigen Termin eine Präsentation mit 30 Folien vorbereitet hatten und wir kurz vor Ende des Videocalls unser Gegenüber sagen hörten: „Danke für Ihre Projektdarstellung. Nun sind nur noch fünf Minuten übrig. Das ist etwas wenig, um auf die Ziele unserer Stiftung zu schauen."

Machen Sie sich diesen Punkt vor jedem Erstgespräch klar und geben Sie Ihrem Gegenüber bewusst Raum durch Fragen, einfaches Ausredenlassen und Zuhören.

*„Eine Partnerschaft auf Augenhöhe ist [das Geheimrezept]. Und eine positive Grundhaltung, mit der man in eine gemeinsame Arbeit startet. Wir treffen uns schließlich, um gemeinsam für eine Sache einzustehen und diese zusammen zu gestalten. Es geht nicht um ein Verkaufsgespräch, in dem ich den anderen überzeugen will. Es ist doch so, dass ein Förderpartner sein Geld für einen bestimmten Zweck geben möchte und wir können die Mittel genau zu diesem Zweck einsetzen. Ein ideelles Tauschgeschäft sozusagen. So können wir unsere Bedarfe klar formulieren und lassen Gestaltungsspielraum für die Ideen, Ziele und Wünsche der Partner. Einander zuzuhören ist in jedem Fall eine Geheim-*

*zutat. Aus diesem Grundrezept haben sich die besten und stabilsten Partnerschaften entwickelt."*

*Rebecca Rank, Acker e. V.*

Auch wenn Sie es schaffen, Ihr Anliegen auf den Punkt zu bringen und Ihrem Gegenüber mehr Raum zu lassen, ist Zuhören nicht gleich Zuhören. Sie können schweigen, reagieren, durch Fragen Räume öffnen und Rückmeldungen geben, wie Sie Ihr Gegenüber verstanden haben. Aber hören Sie überhaupt wirklich zu?

*Aktiv Zuhören*

Die Aufmerksamkeitsspanne von Menschen ist durch veränderte Sehgewohnheiten wesentlich kürzer geworden. Häufig fällt es uns nicht mehr auf, dass wir mehrere Dinge zur selben Zeit machen oder in Gedanken abschweifen. Denken Sie einmal ehrlich darüber nach, wie oft es Ihnen passiert, dass Sie während eines Telefonats Spam-E-Mails wegklicken oder noch etwas in einer Tabelle ergänzen?

Carl Ransom Rogers hat erstmals den Begriff „Aktives Zuhören" als Werkzeug für die klientenzentrierte Psychotherapie beschrieben.

**Exkurs: Aktives Zuhören**

Eine unterstützende Methode, authentische und transparente Beziehungen zu gestalten, die den Menschen in die Lage versetzt, sein Gegenüber mit all seinen Eigenschaften zu akzeptieren und wohlwollend und vorurteilsfrei als Individuum zu betrachten,[2] ist das aktive Zuhören.

Beim aktiven Zuhören handelt es sich um eine Methode, die fest in den Grundeinstellungen des Nutzers verankert sein muss und auch nur dann effektiv eingesetzt werden kann. Gesprächspartner merken schnell, wenn die Methode nicht ernsthaft verinnerlicht ist.[3] Aktives Zuhören kann eine Möglichkeit sein, Veränderungen bei Menschen im Gespräch herbeizuführen. Genauer: eine Veränderung in der Einstellung der Menschen zu sich selbst und anderen. Menschen, denen sensibel und aktiv zugehört wurde, neigen dazu, besser auf ihre eigenen inneren Stimmen zu hören, und können ihre Emotionen besser artikulieren. Gesprächssituationen werden weniger argumentativ, dafür aber empathischer, zugewandter und mutiger. Insgesamt wird eine positive und vertrauensvolle Grundstimmung geschaffen.

Wenn wir auf eine Person mit einem Problem stoßen, besteht unsere übliche Reaktion darin, zu versuchen, ihre Sichtweise zu ändern – um sie dazu zu bringen, ihre Situation so zu sehen, wie wir sie sehen. An dieser Stelle ist es jedoch wichtig, sich bewusst zu machen, dass man vermutlich instinktiv mit Ratschlägen reagiert, die auf die eigenen Bedürfnisse und Erfahrungswelten bezogen sind. Hierauf kann und wird der Gesprächspartner mit Abwehr reagieren, weil dies nicht seiner Empfindung oder Wirklichkeit entspricht. Der Zuhörer sollte stattdessen versuchen, sich ganz in die Lage des anderen zu versetzen. Beim aktiven Zuhören ist es daher wichtig, sich

[2] Vgl. Rogers, C. R. (Hrsg.; 2018): Entwicklung der Persönlichkeit. Psychotherapie aus der Sicht eines Therapeuten (Fachbuch, 21. Auflage). Stuttgart: Klett-Cotta.

[3] Vgl. Rogers, C. R./ Farson, R. E. (1987): Active Listening. In: Newman, R. G./ Cohen, M./ Danziger, M. A. (Eds.): Communicating in business today. Lexington, Mass.: D. C. Heath and Co.

genau auf diese wertfreie und vorurteilsfreie Art des Zuhörens zu konzentrieren, die dem anderen die Freiheit gewahrt, sich verstanden zu fühlen und seine eigene Wertung der Situation herbeizuführen.[4]

*Lösen von Konfliktsituationen*

Thomas Gordon hat Rogers' Theorie auf alltägliche Situationen übertragen[5] und insbesondere für das Lösen von Konfliktsituationen empfohlen. Auch wenn wir davon ausgehen, dass Sie nicht mit einem Konflikt in einen Erstkontakt starten, können Sie einiges von diesem Ansatz für Ihre Kommunikation nutzen, um Ihrem Gegenüber wirklich zuzuhören, es zu verstehen und ihm vor allem Wertschätzung entgegenzubringen:

**1. Die innere Einstellung**

Nehmen Sie eine Grundhaltung ein, die von echtem Interesse und Offenheit geprägt ist. Wer gut zuhört, ist ernsthaft neugierig auf das, was der Andere zu sagen hat und eventuell hat Ihr Gegenüber ganz ähnliche Werte, Ziele und Visionen wie Sie. Versuchen Sie auch, die Herausforderungen und Grenzen Ihrer Gesprächspartnerin möglichst gut zu greifen. Sehen Sie gerade Fördermittelgeberinnen als Ihre Verbündeten, mit wertvollen Ressourcen, Expertisen und relevanten Perspektiven.

**2. Konzentration ist gefragt**

Schenken Sie dem Gespräch Ihre volle Aufmerksamkeit, lassen Sie alles andere beiseite. Es kann helfen, wenn Sie sich Notizen machen, paraphrasieren (siehe Übung unten) oder im Vorhinein Fragen formulieren, deren Antworten Sie herausfinden möchten.

**3. Verbale und nonverbale Gesprächsmittel nutzen**

Äußern Sie Ihr Interesse durch Blickkontakt und eine offene Körperhaltung. Stellen Sie Fragen, wiederholen Sie wichtige Aussagen mit eigenen Worten und verbalisieren Sie Ihre Gedanken.

**4. Die eigene Meinung zurückhalten**

Geben Sie Ihrem Gegenüber Raum, indem Sie nicht direkt werten oder Ihre Meinung einbringen. Dies gilt auch für Zustimmungen.

[4] Vgl. ebd.

[5] Vgl. Gordon, T. (2017): Gute Beziehungen. Wie sie entstehen und stärker werden. Stuttgart: Klett-Cotta.

## Übung

**Paraphrasieren:**

Üben Sie mit einer Kollegin oder Kollegen und bitten Sie diese, Ihnen von Ihrem letzten Wochenende zu erzählen. Wiederholen Sie dabei Kernpunkte ihrer Erzählung, indem Sie paraphrasieren:
„Am Samstag sind wir durch die Innenstadt spaziert und haben das schöne Wetter genossen" – Paraphrase: „Ah, ein sonniger Stadtbummel."

**Was sind Ihre Erkenntnisse aus der Übung?**
**Fiel Ihnen das Zuhören leicht? Hat das Paraphrasieren geholfen, mit Ihrer Aufmerksamkeit bei Ihrem Gegenüber zu bleiben?**

______________________________________________

______________________________________________

______________________________________________

______________________________________________

**Ein Anliegen in kurzer Zeit zu formulieren braucht Zeit**

Zeit ist meist knapp – insbesondere bei Förderpartnerinnen, die sicher nicht nur von Ihnen um ihre Aufmerksamkeit gebeten werden. Sie wertschätzen die Zeit Ihres Gegenübers, wenn Sie es schaffen, Ihr Anliegen direkt und kurz zu formulieren. Dabei hilft es schlicht und einfach, wenn Sie sich die Zeit nehmen, diese Fragen in Ruhe für sich selbst und gemeinsam im Team zu beantworten, und nicht zum ersten Mal darüber nachdenken, wenn eine potenzielle Förderin vor Ihnen steht.

**Was Sie wollen in fünf Minuten**

Sicher können Sie die meisten Fragen schon irgendwie beantworten. Aber können Sie das auch spontan auf den Punkt, verständlich und eloquent? Selbst Menschen mit einem ausgesprochenen Kommunikationstalent müssen ihre Projektvorstellung vorbereiten und üben. Dabei gilt: Je kürzer und prägnanter diese sein soll, desto schwieriger ist es.

*„Wenn ich auf eine potenzielle Förderpartnerin treffe, dann muss ich bestens vorbereitet sein. Wenn das z. B. auf einer trubeligen Veranstaltung passiert, dann will ich die Chance nutzen, habe aber viel Ablenkung und genau einen Versuch und nicht viel Zeit. Da muss der Pitch einfach sitzen. Was mir persönlich hilft: immer wieder mal vorsprechen. Bei Netzwerkveranstaltungen überlege ich mir außerdem [...] vorab genau, wen ich ansprechen möchte, recherchiere etwas zu den Personen und gehe dann gezielt auf sie mit meinem Anliegen zu. So wird es konkret und ich hole die Menschen dort ab, wo sie stehen. Das wird wertgeschätzt. Diese Überlegungen und mentalen Einübungen passieren oft bei mir während der Zugfahrt, quasi auf dem Weg dahin."*

*Ruth-Anne Damm, ZWEITZEUGEN e. V.*

*Elevator Pitch*

Widmen wir uns also dem sogenannten „Elevator Pitch": Schaffen Sie es, Ihr Projektvorhaben innerhalb weniger Minuten einer Person zu erklären, die nichts über das Vorhaben weiß? Um es noch schwerer zu machen: Schaffen Sie es in dieser Zeit, die Person richtig zu begeistern? Denn Ziel eines Pitchs ist es, dass Ihr Gegenüber Ihr Vorhaben direkt versteht und Lust hat, mit Ihnen aus dem symbolischen Aufzug (Elevator) auszusteigen, um mehr zu erfahren.

**Übung**

**Elevator Pitch:**
Wenn Sie diese Übung noch nie gemacht haben, empfehlen wir Ihnen, zunächst schriftlich folgende Fragen mit ein bis zwei Sätzen zu beantworten:

**Warum braucht es eine Lösung?**
**Was ist das Problem bzw. Ihre Vision?**

______________________________

______________________________

______________________________

______________________________

**Was ist Ihre Lösung und für wen?**

______________________________

______________________________

______________________________

______________________________

*Üben, üben, üben*

Nun müssen Sie über Ihren Schatten springen und üben, üben, üben. Lesen Sie Ihren Pitch laut vor, bis er Ihnen flüssig über die Lippen geht. Lösen Sie sich dann vom Text und versuchen Sie es freier und mit der richtigen Energie und Begeisterung. Das kann sich laut ausgesprochen zunächst ungewohnt anfühlen. Keine Angst: Es ist selbst für Kommunikationstalente eine Herausforderung, einen Pitch zu üben. Hinzu kommt, dass Sie oft erst währenddessen merken, wo eine Formulierung doch nicht so flüssig ist oder Sie sich gedanklich verlieren. Stoppen Sie beim Üben immer wieder Ihre Zeit. Hierbei geht es weniger um dieeine genaue Minutenzahl,, als darum, wirklich konkret und klar zu bleiben.

Sie fühlen sich sicher und wohl mit Ihrem Pitch? Dann empfehlen wir eine Testphase: Bitten Sie Freundinnen, Familie oder Kolleginnen um Unterstützung und stellen Sie ihnen Ihr Projekt und Anliegen vor. Sie können sie bitten, sich in die Perspektive einer bestimmten Förderin zu versetzen und auf bestimmte Aspekte zu achten.

**Übung**

**Feedback Elevator Pitch:**

Stellen Sie Ihren Pitch mindestens drei Personen vor, die Ihre Idee bisher nicht kennen, und bitten Sie sie, folgende Fragen zu beantworten:

**Habe ich verstanden, worum es im Kern geht? Was ist in Erinnerung geblieben?**

______________________________________________

______________________________________________

**Bin ich nun neugierig oder sogar begeistert? Und wenn ja, an welchem Punkt des Pitchs ist das Gefühl aufgekommen?**

______________________________________________

______________________________________________

**Wo sind wichtige Fragen offen geblieben? Was habe ich noch nicht verstanden?**

______________________________________________

______________________________________________

______________________________________________

*Wer bin ich?*

Förderungen werden für passende Vorhaben und gute Ideen vergeben. Die Chance, die Ihr Vorhaben bekommt, baut dennoch häufig genug auf Netzwerken, Personen und Beziehungen auf. Sie sollten dementsprechend nicht nur Ihre Idee pitchen können, sondern in gewisser Weise auch sich selbst. Dabei kann die Vorstellung, sich zu „vermarkten", zunächst irritieren. Es geht uns bei diesem Punkt aber nicht um eine Rolle, die Sie einüben und spielen sollten.

*Wofür steht meine Organisation?*

Im Gegenteil: Machen Sie sich klar, wofür Sie und Ihre Organisation im Kern stehen. Was macht Sie aus? Was treibt Sie an? Was ist Ihre persönliche Verbindung zum Thema? Was ist Ihnen wichtig und wo sind Ihre Grenzen? Fragen wie diese werden selten von Ihrem Gegenüber direkt eingebracht und finden sich, auf Ihre Organisation bezogen, bestenfalls in Antragsformularen. Sind Sie sich der Antworten bewusst, schwingt dies allerdings für Ihr Gegenüber wahrnehmbar mit. Und Sie können einzelne Informationen passend einbringen. Auf diese Weise werden Sie als authentisch und selbstbewusst wahrgenommen.

*„Die eigenen Stärken und den eigenen Antrieb zu kennen, ist in jeder Lebenslage von Vorteil, […] nicht nur im beruflichen Kontext. Aber vor allem bei Menschen, die etwas starten wollen und sich für eine bestimmte Sache engagieren, kann die Kenntnis des eigenen Antriebs wie Wind im Rücken wirken."*

*Dennis Hoenig-Ohnsorg, Zukunftswerft gUG*

*„Meine Begeisterung und Leidenschaft für unser Thema und die Projekte, die wir umsetzen, hat ganz viel mit mir und meiner eigenen Geschichte zu tun. Das ist tief in mir drin und ich folge da meiner Überzeugung und meinem Herzen. Ich glaube, das merkt mein Gegenüber und lässt sich davon quasi anstecken."*

*Ruth-Anne Damm, ZWEITZEUGEN e. V.*

*„Und dann sind wir eben auch alle Fundraiser, die eine Mission und Geschichte erzählen, von der wir so begeistert sind und für die wir andere begeistern wollen."*

*Rebecca Rank, Acker e. V.*

*Ihre Werte*

Werte sind unser innerer Kompass sowie Entscheidungshilfe für Verhandlungssituationen – und in einer solchen befinden Sie sich immer auch in einem Fördergespräch. Machen Sie sich bewusst, für welche Werte Ihre Organisation steht, welche Werte Ihnen persönlich wichtig sind, und fragen Sie sich, ob dies mit den Werten der potenziellen Förderpartnerin und Ihrem Eindruck im Miteinander übereinstimmt. Viele soziale Organisationen haben tief verwurzelte Werte, die mit der Unternehmenshistorie gewachsen sind. Sie bestimmen das Profil der Organisation und prägen die Unternehmenskultur. Sie sollten in einem Fördergespräch auch Thema sein.

**Übung**

**Werte:**
Wenn Sie unsicher sind oder Ihre Organisation bislang keine Werte definiert hat, so finden Sie im Internet viele Beispiele zu Werten, die Ihnen als Inspiration dienen können. Um zu Ihren Kernwerten zu kommen, gehen Sie am besten schrittweise vor: Suchen Sie eine für Sie passende Werte-Sammlung bzw. -liste. Schreiben Sie sich zunächst alle Werte heraus, die Sie intuitiv ansprechen. Markieren Sie sich dann die Wichtigsten und gewichten Sie Ihre Auswahl.

**Meine Kernwerte:**

1. ____________________________________

2. ____________________________________

3. ____________________________________

**Tipp:** *Bei „Ein guter Plan" (www.einguterplan.de) gibt es sowohl eine Werteliste als auch einen Wertetest online.*

*Ihre Stärken*

Sie dürfen selbstbewusst auftreten – auch und gerade, wenn Sie Ihr Gegenüber von einer Idee überzeugen möchten. Schließlich bitten Sie jemanden, Geld in Ihr Vorhaben und damit auch in Sie zu investieren. Dabei bedeutet selbstbewusst weder arrogant noch überheblich. Diese innere Haltung sollten Sie auch in allen anderen Situationen im Miteinander mit Ihrer (potenziellen) Förderpartnerin beibehalten, bspw. wenn Sie Förderbedingungen verhandeln oder Bericht erstatten.

Doch während die selbstbewusste Darstellung einer Idee den meisten Menschen noch relativ einfach gelingt, fällt es oft schwer, eigene Stärken zu benennen und in ein positives Selbstbild zu integrieren. Dabei haben jeder Mensch und jede Organisation Stärken und Kompetenzen, die gezielt in Form von passenden Kommunikationswegen, einer individuellen Beziehungsarbeit und eben durch Selbstbewusstsein eingesetzt werden können.

**Übung**

**Stärken:**

Eine einfache Übung, um Ihre Sicht auf Ihre Stärken bzw. die Stärken Ihrer Organisation und damit Ihre Selbstwahrnehmung zu ergänzen, ist andere zu fragen. Denn die meisten Menschen in Ihrem Umfeld haben ein erstaunlich klares Bild von Ihren Stärken.

Fotografieren Sie den folgenden Text am besten jetzt direkt mit Ihrem Handy oder tippen Sie ihn ab und senden Sie damit eine Nachricht an mindestens zehn Personen. Setzen Sie anschließend, wenn möglich, Ihr Handy für zwei Stunden in den Flugmodus.

> **Hallo,**
> **Ich beschäftige mich gerade mit meinen Stärken – was gar nicht so einfach ist. Ich würde mich freuen, wenn du mir dabei hilfst und spontan drei Beobachtungen aufschreibst: Was kann ich gut?**
> **Was fällt mir leicht? Welche Stärken kann ich im Rahmen meines Projekts gut einsetzen?**
> **Danke für deine Hilfe.**

**Quelle:** *Changemaker Playbook der Changemaker Academy*

Andere nach ihrer Wahrnehmung zu einem selbst zu fragen, kostet Überwindung. Dieses Risiko einzugehen, lohnt sich jedoch ebenso, wie sich die Zeit zu nehmen, den eigenen Ressourcen und Grenzen etwas auf den Grund zu gehen. Auf diese Weise stärken Sie sich und Ihre Position für Situationen, in denen Sie sich zeigen, beweisen und verantworten.

*Individuelle Vorbereitung, Chancen und wichtige Fragen*

Das Förderanliegen und Ihre innere Haltung können Sie unabhängig von potenziellen Förderpartnerinnen klären und formulieren. Bereiten Sie sich dennoch individuell auf jedes Fördergespräch, jede Ansprache oder Akquise-E-Mail vor. Dazu gehören eine gezielte Recherche, im besten Fall die Anpassung Ihres Pitchs durch passende Anknüpfungspunkte und bereits bekannte Förderbedingungen sowie eine Liste mit Ihren Fragen.

*Recherche*

Eine gute Vorbereitung ermöglicht Ihnen Effizienz und ein kompetentes Auftreten: Informieren Sie sich vorab, welche für Sie interessanten Personen auf einer Veranstaltung sein werden. Planen Sie Telefonate, statt zufällige Anrufe zu akzeptieren. Informieren Sie sich über die Organisation, die Sie ansprechen bzw. der Sie schreiben möchten, mit Ihrem konkreten Anliegen als Kontext. Im Abschnitt„ Machbarkeit und Personaleinsatz prüfen" finden Sie konkrete Punkte, auf die Sie dabei achten sollten. Und kennen Sie die Namen der passenden Ansprechpartnerinnen!

Auf diese Weise wirken Sie informiert und sparen sich und Ihrer Ansprechpartnerin zunächst einfach Zeit, die bei ersten Kontakten normalerweise sehr knapp ist. Sie wertschätzen zudem Ihr Gegenüber, nehmen ihm Arbeit ab und machen so einen kompetenten ersten Eindruck. All das erhöht Ihre Chancen, dass Ihr Gegenüber sich gerne und aufmerksam mit Ihrem Anliegen befasst.

*Anknüpfungspunkte suchen*

Achten Sie bei Ihrer **Recherche** auch auf mögliche inhaltliche Anknüpfungspunkte zu Ihrem Anliegen oder Ihrer Arbeit, denn hier liegen Ihre Chancen, das Interesse Ihres Gegenübers zu wecken. Lassen sich verbindende Werte, klar formulierte Fördervorhaben, Gemeinsamkeiten in der Entwicklung Ihrer Organisationen, Anknüpfungspunkte über Persönlichkeiten der Organisationen, einzelne Zitate oder Presseberichte finden? Dann beziehen Sie sich in Ihrer Ansprache direkt auf diese Punkte. Hierfür müssen Sie bei Ihrer Recherche auch zwischen den Zeilen lesen. Bekommen Sie ein Gespür dafür, was der Organisation wichtig ist, was verbindende Elemente sind und wo Sie mit Ihrem Vorhaben auf die Ziele der Organisation einzahlen könnten!

*Konkrete Thesen formulieren*

Eine praktische Hilfe in der **Vorbereitung** kann es sein, konkrete Thesen und eine Vision für eine potenzielle Zusammenarbeit zu formulieren: „Ich habe gelesen, dass Sie zukünftig auch mit Grundschulkindern arbeiten wollen. Genau in diesem Bereich machen wir seit Jahren sehr gute Erfahrungen." So können Sie in Ihrer Ansprache direkt eine gemeinsame Ebene einführen und die Kommunikation bereits auf das Thema „Chancen unserer Zusammenarbeit" lenken.

Haben Sie in Ihrem Netzwerk Personen mit einem direkten Kontakt zu der Förderpartnerin, nutzen Sie diese in jedem Fall. Die Unterstützung einer dritten, unabhängigen Person lässt Sie mit einem Vertrauensvorschuss in den Erstkontakt gehen und kann Türen öffnen.

*Bei Unsicherheiten und Fragen*

Gerade bei einem ersten **Beratungsgespräch** (vor Antragstellung) geht es darum, direkt mögliche Hindernisse einer Zusammenarbeit zu identifizieren, um damit aktiv umgehen zu können. Insbesondere wenn unveränderliche Punkte eine Förderung ausschließen könnten, wertschätzen Sie die Zeit aller, indem Sie diese Punkte konkret adressieren. Seien Sie dabei möglichst klar und transparent. Es ist für beide Parteien ärgerlich, nach weiteren Gesprächen und einem langen Antrag herauszufinden, dass eine Zusammenarbeit aus einem formalen Grund nicht möglich ist, den man auch im Erstgespräch hätte klären können.

Fragen Sie sich vor ersten Gesprächen mit Förderpartnerinnen ehrlich: Welche Punkte, insbesondere auf die Förderbedingungen bezogen, sind mir noch nicht ganz klar? Wo merke ich bereits, dass es Schwierigkeiten geben könnte? Und sprechen Sie diese an!

## 2.2 Währenddessen: Vertrauen aufbauen

Es gibt zahllose Fortbildungen und Ratgeber zum Thema „Professionelle Kommunikation". Dabei liegt der Fokus meist auf der Zielgruppe „Führungskräfte". Das ergibt Sinn, denn professionelle Kommunikation wird meist im Kontext von Arbeit assoziiert und Führungspositionen werden allgemein als anzustrebend angesehen. Gerade deswegen ist es für uns in diesem Kapitel relevant, auf die Besonderheiten von guter und professioneller Kommunikation mit Fördermittelgeberinnen zu schauen. Sicherlich treffen die Kommunikationsgrundregeln auf beide Bereiche zu. Gleichzeitig geht es im Fördermittelmanagement weniger um Führung und Hierarchie als um individuelle Beziehungsarbeit.

**Exkurs: Rollen in einer Förderbeziehung**

Bei einer Förderbeziehung schauen wir auf ein gegenseitiges Abhängigkeitsverhältnis, das vertraglich festgehalten und je nach Gestaltung der Förderbeziehung von einzelnen Personen geprägt wird.

- Diejenige, die Geld bekommt, ist je nach Summe mehr oder weniger finanziell abhängig von derjenigen, die Geld gibt. Die Förderpartnerin ist diejenige, die die Bedingungen der Förderung vorgibt und dadurch auch die größere Expertise zur Abwicklung der Förderung hat.
- Diejenige, die fördert, ist wiederum in ihrer Wirkung von derjenigen abhängig, die das geförderte Projekt umsetzt. Die Geförderte ist diejenige, die inhaltlich und bzgl. der Projektumsetzung die größere Expertise hat.

Beide Seiten sind normalerweise einem Zweck verpflichtet. Ein gefördertes Projekt erfüllt in der Regel für beide Parteien den jeweils eigenen Zweck.

*Stellen Sie sich die Kernfragen*

Wir möchten Sie an dieser Stelle auffordern, sich die Kernfrage dieses Kapitels zunächst einmal selbst zu stellen: Wie sieht eine gute Kommunikation der Fördermittelempfängerin (denn diesen Teil haben Sie in der Hand) im besten Fall aus? Dafür möchten wir Sie dazu einladen, die Perspektive zu wechseln und sich in folgende Situation hineinzuversetzen: Sie möchten mit Ihrem Geld ein bestimmtes Thema fördern und haben ein Projekt gefunden, das Sie richtig gut finden. Sie entscheiden sich, es zu fördern. Was braucht es, damit Sie während des nun folgenden Jahres durchgängig ein gutes Gefühl haben, dass es richtig war, dass Sie Ihr Geld dem Projekt zugesagt haben und regelmäßig Geld an das laufende Projekt überweisen?

**Reflexion**

**Perspektivwechsel gute Kommunikation**

Schreiben Sie auf, was Ihnen als erstes in den Sinn kommt:

Wie sieht gute Kommunikation seitens der Geförderten aus?

______________________________________________

______________________________________________

______________________________________________

______________________________________________

*„Es ist nicht euer Geld. Auch wenn es in dem Moment auf eurem Konto ist. Es gehört euch erst dann, wenn der Verwendungsnachweis abgeschlossen ist."*

*Harald Maas, Partnerschaft für Demokratie der Stadt Göppingen*

Harald Maas, einer unserer Gesprächspartner, hat es sehr deutlich auf den Punkt gebracht: Bis Ihre Abrechnung nicht geprüft und angenommen wurde, ist das Geld, mit dem Sie hantieren, nicht Ihres. Ihre Fördermittelgeberin vertraut darauf, dass Sie es im Sinne der Fördervereinbarung einsetzen und es so im Sinne ihres eigenen Zwecks wirkt. Vertrauen ist somit in einer Förderbeziehung der wahrscheinlich wichtigste Faktor – dies gilt im Übrigen für beide Seiten.

*Vertrauen gibt Sicherheit*

Vertrauen kann Ungewissheiten aufheben (vgl. Luhmann, N. (2000): *Organisation und Entscheidung*.) Insbesondere wenn Menschen zusammenarbeiten, die sich nicht gut kennen und die auf keinen gemeinsamen Erfahrungsschatz aufbauen können. Oder wenn Vorhaben geplant werden, die so noch nie umgesetzt wurden, oder wenn ein Investment benötigt wird, ohne dass das Ergebnis sicher oder überhaupt absehbar ist.

*Vertrauen bringt Freiheiten*

Dann braucht es Vertrauen, um überhaupt gemeinsam aktiv werden zu können. Ihre Fördermittelgeberin weiß ebenso wenig wie Sie, ob das geplante Projekt gelingen wird. Bei erstmaligen Förderungen gibt es keine gemeinsamen Erfahrungswerte, wie sich die jeweils andere Seite in welcher Situation und insbesondere in einer Zusammenarbeit verhält. Vertrauen setzt immer bei Risiken und Unsicherheiten an und kann diese überbrücken.

Je tiefer das Vertrauen innerhalb einer Förderbeziehung ist, desto freier und effizienter können beide Parteien agieren und desto eher können auch mögliche Herausforderungen und Krisen gemeistert werden. Vertrauen zwischen zwei Personen ebenso wie Vertrauen zwischen Organisationen entscheidet u. a. über die Kooperationsbereitschaft, über Informationsweitergabe, Loyalität und Glaubwürdigkeit. All diese Punkte können Ihre Zusammenarbeit und auch die Projektumsetzung selbst wesentlich einfacher machen.

*„Es scheint, als sei bei manchen Fördermittelgebern Vertrauen beschädigt worden, weil sie in der Vergangenheit nicht den Eindruck hatten, dass die Mittel sinnvoll eingesetzt wurden. Dann reagieren sie mit Bürokratie und Verwaltung, um die Kontrolle zu behalten."*

*Sarah Keller, Wohlfahrtsverband*

Dabei kann Vertrauen nicht erzwungen werden. Sie müssen Ihr Gegenüber davon überzeugen, dass es Ihnen vertrauen kann. Dies ist eine durchgehende und sehr relevante Aufgabe in einer Förderbeziehung, die gleichzeitig großen Spaß machen kann.

**Reflexion**

**Vertrauen:**

Manchmal spüren wir das, was Vertrauen ausmacht, noch deutlicher, wenn jemand unser Vertrauen verliert. Welche Situation(en) kommt(en) Ihnen in den Sinn, in der/denen jemand Ihr Vertrauen verloren hat?

**Beschreiben Sie diese hier und den Grund des Vertrauensverlustes:**

Versetzen Sie sich nun in Ihre Förderpartnerin. Diese vertraut Ihnen ihr Geld an.

**Wie möchten Sie sich, mit dieser persönlichen Erfahrung im Hinterkopf, Ihrer Geldgeberin gegenüber verhalten?**

*Selbstreflexion hilft*

Bei einem Buch mit dem Titel „Fördermittelmanagement“ ist eine selbstreflexive Übung erst einmal unerwartet. Im zwischenmenschlichen Miteinander hat jedoch Ihre eigene Haltung einen großen Einfluss. Ihr Gegenüber spürt, ob Sie ein ehrliches Interesse an seinen Erwartungen, Perspektiven und Bedarfen haben. Auf der anderen Seite beeinflusst Ihre Haltung auch Ihr Handeln.

**Exkurs: Zwei Modelle der Vertrauensforschung**

Vertrauen ist ein in der Psychologie sowie Soziologie ausgiebig erforschter Zustand, der eine positive Erwartung beschreibt. Es gibt viele unterschiedliche Definitionen – je nach Fokus und Kontext. Wir beziehen uns auf das Integrative Modell des Vertrauens von Mayer, Davis und Schoorman (1995) sowie das Modell der Vertrauensentwicklung von Lewicki und Bunker (1996).

Das Integrative Modell des Vertrauens nach Mayer, Davis und Schoorman

ist die am häufigsten zitierte Definition von Vertrauen und prägt die moderne Vertrauensforschung. Mayer, Davis und Schoorman benennen in ihrer Studie drei wesentliche Hauptkomponenten, die Vertrauen in Beziehungen beeinflussen:

***Kompetenz (Ability):*** beschreibt die fachlichen und sozialen Fähigkeiten und damit den Einfluss und das Wissen in einem bestimmten Bereich. *Hat die Fördermittelnehmerin die Fähigkeiten, das geplante Projekt erfolgreich umzusetzen?*

***Integrität (Integrity):*** beschreibt die Einhaltung gemeinsamer Prinzipien. *Stimmen die Taten mit den Worten der Fördermittelnehmerin sowie mit den Werten der Fördermittelgeberin überein?*

***Wohlwollen (Benevolence):*** beschreibt die gute Absicht gegenüber der anderen Partei. *Nutzt die Fördermittelnehmerin das Vertrauen der Fördermittelgeberin nicht aus? Handelt sie im Sinne der Fördermittelgeberin?*

Der Erfolg des Modells wird in der Möglichkeit begründet, mit diesen drei Komponenten den sehr individuellen Vertrauensbeziehungen gerecht zu werden. Das Modell eignet sich insbesondere für die Beschreibung von Beziehungen und wird als Grundlage für eine gezielte Vertrauensentwicklung verwendet.[6]

Das Modell der Vertrauensentwicklung nach Lewicki und Bunker

beschreibt den Aufbau von Vertrauen in drei Stufen. Dabei wird das Vertrauen von Stufe zu Stufe belastbarer und tiefer.

***Kalkuliertes Vertrauen***

Diese Form des Vertrauens basiert auf rationalen Überlegungen wie einer Nutzen-Kosten-Abwägung, klaren Vereinbarungen und Erwartungen. Vertrauen kann auch zwischen fast gänzlich unbekannten Parteien entstehen, wenn es klare Abmachungen gibt und sich beide Seiten sicher sein können, dass ihr Gegenüber die Konsequenzen eines Nichteinhaltens nicht riskieren möchte. Für ein kalkuliertes Vertrauen ohne gemeinsame Erfahrungen werden Sanktionsmöglichkeiten und Kontrollmechanismen gebraucht.

6 Vgl. Mayer, R. C./ Davis, J. H./ Schoorman, F. D. (1995): An integrative model of organizational trust. Academy of Management Review, 20(3), S. 709–734.

Im Beispiel einer Förderbeziehung ist die Abmachung der Fördervertrag, der die Projektbeschreibung sowie die Förderbedingungen enthält. Die Förderpartnerin kann darauf vertrauen, dass die Fördermittelnehmerin das Projekt wie beantragt durchführt, da sonst finanzielle Folgen drohen. Sie hat zudem diverse Kontrollmechanismen, insbesondere durch den Verwendungsnachweis und die Möglichkeit, die Belege zu prüfen.

***Wissensbasiertes Vertrauen***

Diese Form des Vertrauens beruht auf Beziehung, Erfahrung und Vorhersagbarkeit. Es entsteht, wenn jemand durch eine längere Zusammenarbeit erlebt, dass das Gegenüber kompetent und zuverlässig ist. Es ist im Vergleich zum kalkulierten Vertrauen echt und benötigt keine Kontrollmechanismen.

Kommuniziert eine Fördermittelnehmerin über die gesamte Projektlaufzeit transparent, liefert geforderte Dokumente und Nachweise pünktlich sowie vollständig und erfüllt die abgesprochenen Inhalte des Projektvorhabens, so steigt das wissensbasierte Vertrauen des Förderers. Eine weitere Förderung würde wahrscheinlich weniger Kontrollmechanismen benötigen und könnte freier und mit mehr Sicherheiten gestaltet werden.

***Identifikationsbasiertes Vertrauen***

Diese Form des Vertrauens ist nach Lewicki und Bunker die höchstmögliche Stufe von Vertrauen. Sie basiert auf gemeinsamen Werten und Identifikation und lässt sich über ein starkes Gemeinschaftsgefühl identifizieren.

An diesem Punkt werden Sie und Ihre Fördermittelgeberin Komplizinnen. Sie werden dies insbesondere daran merken, dass Sie gemeinsam Pläne schmieden, anstatt sich gegenseitig zu überzeugen. Sie müssen ihre Arbeit und sich nicht mehr so stark beweisen. Natürlich fallen die formalen Berichtspflichten auch auf dieser Vertrauensebene nicht weg. Sie denken sich gegenseitig mit.

Lewicki und Bunker beschreiben die Entwicklung des Vertrauens eher als einen dynamischen Prozess, der sich durch diese Phasen ziehen kann. Sie können zu allen Momenten ihrer Förderbeziehung alle drei Vertrauensebenen gezielt unterstützen und vertiefen.[7]

***Was bedeutet Vertrauen für Kommunikation in Förderbeziehungen?***

Gute Förderkommunikation baut alle Formen von Vertrauen auf: eine rationale Basis, bei der beide Parteien ihren Nutzen höher einschätzen als das Risiko, durchgängige gute Erfahrungen in der Zusammenarbeit sowie ein Wir-Gefühl, das auch gemeinsame Entwicklungen ermöglicht, wo noch nicht viele Sicherheiten gegeben sind.

*„Und genau da geht es doch um Vertrauen. Als Antragstellerin bringe ich die fachliche Expertise für ein Thema mit. Wir sind die Profis für die Umsetzung. Da wünsche ich mir, dass man uns auch so viel Vertrauen und Offenheit entgegenbringt, dass wir – die*

[7] Vgl. Lewicki, R. J./ Bunker, B. B. (1996): Developing and Maintaining Trust in Work Relationships. In: Kramer, R. M./ Tyler, T. R. (Eds.): Trust in Organizations. Frontiers of Theory and Research (S. 114–139). Sage Publications.

*Profis – bestmöglich durch die Projekte navigieren und sie im Sinne der initialen Idee gestalten. So werden die Fördermittel zielgerichtet eingesetzt und können die größte Wirkung entfalten."*

*Sarah Keller, Wohlfahrtsverband*

Im Folgenden möchten wir darauf schauen, wie Sie u. a. mit den drei Komponenten von Vertrauen – Kompetenz, Integrität und Wohlwollen – die Entwicklung dieser drei Stufen gezielt unterstützen können. Während Sie in der Akquisephase kalkuliert vor allem Ihre Kompetenz in den Vordergrund stellen, können Sie während einer Förderbeziehung die Entwicklung von wissensbasiertem Vertrauen über Kompetenz und Integrität unterstützen. Gleichzeitig bauen Sie so über verbindende und – wo es passt – auch persönliche Momente zusätzlich eine Ebene von identifikationsbasiertem Vertrauen auf.

**Kalkuliertes Vertrauen**

Zu Beginn Ihrer Förderbeziehung können Sie nicht auf gemeinsame Erfahrungen setzen. Umso wichtiger ist es, sehr deutlich den gegenseitigen Nutzen, Erfahrungen aus vergleichbaren Förderungen und gemeinsame Werte und Ziele hervorzuheben.

Ihre Fördermittelgeberin sollte von Anfang an das Gefühl haben, dass Sie wissen, was Sie tun. Sie braucht Vertrauen in Ihre Fähigkeiten, Ihr Wissen und Ihre Zuverlässigkeit in einer möglichen Zusammenarbeit. Kompetenz zeigen können Sie dabei sowohl im Hinblick auf die Steuerung des geförderten Projekts als auch auf generelle inhaltliche Themen Ihres Arbeitsbereichs bezogen. In ersten Kennenlerngesprächen geht es insbesondere darum, Fragen Ihrer potenziellen Förderpartnerin direkt, klar und sicher beantworten zu können.

Im Grunde können wir an dieser Stelle auf viele Inhalte aus Kapitel 2.1 verweisen. Der Zweck einer guten Vorbereitung eines Pitchs und möglicher Anknüpfungspunkte, einer klaren inneren Haltung sowie aktiven Zuhörens ist schließlich, mit einem sehr kompetenten ersten Eindruck die Basis für Vertrauen zu legen. Im besten Fall können Sie bereits hier gemeinsame Werte herausstellen – oder noch besser: Ihrer Gesprächspartnerin den Raum für diese Verbindungen lassen.

Im Übrigen spricht unserer Erfahrung nach auch nichts dagegen, Ihre Gesprächspartnerin direkt zu fragen, was Sie konkret sucht und was Sie in Ihrer Zweckerfüllung bestmöglich unterstützt.

**Checkliste „Vertrauen ab dem ersten Moment":**

- Ich habe mich über die Förderorganisation informiert und kenne meine Ansprechpartnerin.
- Ich kenne die Förderziele, formalen Anforderungen und wichtigsten Förderbedingungen der Förderpartnerin oder der Ausschreibung.
- Ich kenne den aktuellen Stand der wichtigsten Kennzahlen unserer Organisation.
- Ich kann die Problemlage, die ich mit dem Projekt ändern will, mit passenden Zahlen belegen.
- Ich kann die Wirkung des geplanten Projekts idealerweise mit Zahlen belegen.
- Ich kann das geplante Vorhaben kurz und knackig vorstellen.
- Ich habe eine Vorstellung davon, was an meinem Projekt für die Förderpartnerin spannend sein könnte.
- Ich habe Anknüpfungspunkte und offene Fragen vorbereitet.
- Ich habe Zeit eingeplant, um direkt im Anschluss an ein Gespräch Unterlagen zuzusenden und bereitzustellen.

***Vertrauen durch gemeinsame Erfahrungen***

Mit dem Eingang des Bescheids zu Ihrem ersten geförderten Projekt durch Ihre Förderpartnerin beginnt auch die Arbeit an Ihrer Förderbeziehung und damit der nächsten Vertrauensstufe.

**Exkurs: „Fünf-zu-eins-Prinzip" – eine Motivation?**

Laut Beziehungsforscher John Gottman[8] liegt das magische Verhältnis einer stabilen Partnerschaft bei fünf zu eins. Das bedeutet laut Gottman, dass in einer stabilen Partnerschaft auf jede negative Interaktion fünf (oder mehr) positive Interaktionen kommen. Auch wenn diese Regel ihren Ursprung in der Paartherapie hat, macht sie eines sehr deutlich: Es ist nicht besonders vorteilhaft, mit einer Fördermittelgeberin erst beim Einreichen eines Verwendungsnachweises erstmals Kontakt zu haben – zumal wenn dieser Fehler hat oder Fragen aufwirft. Oder andersherum: Nutzen Sie jede Chance für positive Interaktionen. Sie können sich so einen kleinen Wohlwollenpuffer aufbauen.

*„Was wirklich ganz schlecht ankommt, ist, wenn man von einem Projekt nie etwas hört und dann einen unvollständigen, schlampigen Verwendungsnachweis erhält. Das ist dann wirklich eine schwierige Ausgangssituation."*

*Harald Maas, Partnerschaft für Demokratie der Stadt Göppingen*

Doch welche Aspekte sind bei einer dauerhaften Vertrauensarbeit besonders wichtig? Wir schauen im Folgenden auf Verlässlichkeit, Ehrlichkeit, Integrität und wieder Kompetenz.

---

8 Gottman, J. M. (1994): *What predicts divorce? The relationship between marital processes and marital outcomes*

*Verlässlichkeit*

Das meiste, was unter die formalen Erwartungen fällt, sollte eigentlich selbstverständlich sein und dennoch haben wir schon häufig genug selbst gemerkt, wie schnell wir diese einfachen Grundregeln der Kommunikation übergehen. Dabei liegt hier der erste große Hebel: Alle ersten Erfahrungen können den Unterschied zum kalkulierten Vertrauen ausmachen und eine echte Vertrauensbasis kreieren, die für Sie am Ende eine wohlwollende anstatt eine kritische Prüfung bedeuten kann.

Ein sehr einfaches, konsequent unterschätztes Mittel, um Vertrauen in einer Förderbeziehung zu unterstützen, ist Zuverlässigkeit. Die gute Nachricht ist: Zuverlässigkeit ist im Grunde wirklich einfach, aber eben eine Sache von persönlichen Stärken und der Priorisierung. Warum nehmen Sie sich also nicht jetzt direkt die Zeit für einen kurzen Check?

**Checkliste „Zuverlässigkeit":**

- Meine Ansprechpartnerin hat eine eindeutige und gleichbleibende Kontaktperson.
- Ich antworte zuverlässig – immer binnen X Tagen.

  Sie müssen nicht jederzeit erreichbar sein und binnen weniger Stunden antworten. Macht Ihre Ansprechpartnerin jedoch die Erfahrung, dass sie z. B. recht zuverlässig innerhalb von zwei bis drei Tagen eine Antwort erhält, ist das eine sehr einfache, vertrauensbildende Maßnahme.
- Ich kenne alle Fristen und halte diese ein.

  Hier ist es auch nicht verkehrt, Berichte, Formulare und Ähnliches einige Tage vor der Deadline abzugeben. Zum einen landen Sie damit automatisch weiter oben im Stapel. Vor allem entsteht bei Ihrer Ansprechpartnerin erst gar nicht die Frage, ob von Ihnen noch etwas kommt.
- Meine Unterlagen sind vollständig.
- Ich fühle mich dafür verantwortlich, die Förderbedingungen einzuhalten. Auch Eigenverantwortung ist ein Teil von Zuverlässigkeit. Indem Sie nachfragen, sich kümmern und eben Verantwortung übernehmen, sieht Ihre Förderpartnerin, dass sie sich auf Sie verlassen kann.
- Ich kann einhalten, was im Förderantrag steht.

*„Eine Nachfrage zeigt mir: Ich kümmere mich."*

*Harald Maas, Partnerschaft für Demokratie der Stadt Göppingen*

*Ehrlichkeit zählt*

Menschen spüren sehr schnell, ob ihr Gegenüber ehrlich ist. Gerade Fördermittelgeberinnen ist bewusst, dass die Möglichkeit besteht, dass ihre Mittel ausgenutzt oder nicht den gesetzten Regeln entsprechend oder für den abgemachten Rahmen verwendet werden. Und dennoch gehen die allermeisten Förderpartnerinnen mit einer positiven, wohlwollenden Einstellung in eine Förderung. Lügen sind häufig sehr direkte Vertrauenskiller, während der ehrliche Umgang mit Rückschlägen, Unsicherheiten oder Fehlern sogar vertrauensbildend sein kann.

**Checkliste „Ehrlichkeit":**

- Verwenden wir die Fördergelder für das, was im Antrag stand oder abgesprochen war? Diese Frage sollten Sie sich auch innerhalb des Teams ab und an stellen und im Zweifel gemeinsam oder sogar mit der Förderpartnerin diskutieren.
- Ich spreche große Abweichungen bei meiner Fördermittelgeberin an. Hier sollten Sie sich an den in den Förderbedingungen definierten Grenzwerten orientieren. Regelmäßige unnötige Informationen machen beiden Seiten mehr Arbeit als nötig.
- Mir sind keine Punkte bewusst und ich spüre keine Unsicherheiten, wo wir gegen die unterschriebenen Förderbedingungen verstoßen.

*Integrität ist Voraussetzung*

Die Punkte „Ehrlichkeit" und „Zuverlässigkeit" sind Teil des Themas „Integrität". Dies bedeutet ganz allgemein, dass Ihr Handeln mit Ihren Idealen und Werten übereinstimmt – oder: Sie machen, was Sie sagen. Um einen integren Eindruck zu vermitteln, muss Ihre Fördermittelgeberin das Gefühl haben, sich auf Sie verlassen zu können, und sehen, dass Sie in Ihrer Kommunikation ehrlich sind. Erst dann bekommen die Inhalte, die Sie kommunizieren, ein Gewicht. Der Punkt „Integrität" beinhaltet auch, dass Sie in jedem Moment der Projektumsetzung den Zweck der Förderung im Blick haben. Integrität ist ein ganzheitlicher Wert, den Sie in jeder Beziehung leben – auch wenn Ihre Förderpartnerin gerade nicht zuhört.

*Ohne Kompetenz geht es nicht*

*„Ein weiterer Punkt, der super relevant ist: Gute Arbeit machen! Das klingt vielleicht banal, aber es ist so wichtig, dass man keine Dinge verspricht, die man nicht leisten kann, dass man seine Expertise gut kennt, bei seinen Themen bleibt und die richtigen Leute für die Umsetzung hat."*

*Rebecca Rank, Acker e. V.*

Sie können natürlich nicht nur beim ersten Pitch einen kompetenten Eindruck hinterlassen. Insbesondere während der Projektdurchführung sollten Sie den Stand Ihres Projekts kennen, inhaltlich davon berichten oder an die richtigen und kompetenten Menschen verweisen können und einfach einen guten Job machen.

Von diesem dürfen Sie bewusst auch abseits von Berichten Ihrer Förderpartnerin erzählen. Immer in einem für sie passenden Maß und gleichzeitig so, dass sie Sie als positives Beispiel immer mal wieder im Kopf hat. Ein gutes Feedback ist, wenn Sie von Ihrer Förderpartnerin für Berichte, Vorträge oder Veranstaltungen angefragt werden.

| **Checkliste „Professionalität“:** |
|---|
| • Ich kenne den aktuellen Stand unserer Projektaktivitäten und unserer wichtigsten Budgets bzw. kann diese schnell aufrufen.<br>• Ich weiß, wo alle wichtigen Unterlagen zur Förderung liegen und kann diese direkt aufrufen.<br>• Ich kann an die richtigen Ansprechpartnerinnen verweisen.<br>• Ich kann von der Wirkung der bisherigen Arbeit berichten.<br>• Ich berichte auch abseits von Nachfragen bei passenden Anlässen von positiven Entwicklungen der Förderung. |

*Vertrauen auf Basis eines Gemeinschaftsgefühls*

Spannend wird gute Kommunikation – so finden wir zumindest – wenn sie über die formalen Erwartungen hinausgeht und individuelle Beziehungen sowie ein Wir-Gefühl entstehen. Denn genau hier können Sie ansetzen, wenn etwas abseits der geplanten Norm geschieht. Und in jedem Projekt geschehen hoffentlich Dinge, die bei Antragstellung noch nicht absehbar waren.

Dafür braucht es neben positiven Erfahrungen, also einem wissensbasierten Vertrauen, zusätzlich eine gemeinsame Identität, verbindende Werte oder eine tiefgehende Beziehung mit verbindenden Momenten. Das so gebildete identifikationsbasierte Vertrauen ist nicht mehr rational kalkulierbar, sondern beruht auf tiefer Verbundenheit und gegenseitigem Verständnis.

Eine solche Beziehung entsteht über persönliche Verbindungen und damit über Einzelpersonen. Nicht ohne Grund sind wichtige Kontakte häufig eher bei bestimmten Personen aufgehängt. Mit der Zeit kann identifikationsbasiertes Vertrauen auch auf eine Organisation übertragen werden. Nichtsdestotrotz raten wir Ihnen dazu, wichtige Förderbeziehungen als Aufgabe der Leitungsebene anzusehen oder bewusst die Kompetenzen der einzelnen Teammitglieder mit Blick auf Beziehungarbeit anzuschauen.

Identifikationsbasiertes Vertrauen können Sie tatsächlich bereits ab dem ersten Kennenlernen gezielt fördern. Wie in Kapitel 2.1 (S. 22) zum Thema „Vorbereitung" bereits ausführlich beschrieben, dürfen Sie auch beim ersten Gespräch Ihrem Gegenüber zuhören und versuchen, seine Haltung und Erwartungen zu verstehen. Im Lauf Ihrer Förderbeziehung können Sie ganz bewusst eine Kommunikation und ein Miteinander etablieren, das die Kommunikationsvorlieben Ihrer Förderpartnerin beachtet, das ihr Arbeit abnimmt, sie mitreißt, wertschätzt, ihr auf Augenhöhe und mit Transparenz begegnet.

*„Als ich einer Unterstützerin sehr konkret vorgeschlagen habe, dass wir ein neues Auto für unsere Mitarbeitenden im Kinder- und Jugendschutz bereitstellen möchten, war die Dame wirklich begeistert. Sie wollte nicht wissen, welche Marke wir anschaffen, wann genau es wie im Einsatz sein wird oder wie viele Kilometer es im Jahr fahren wird. [...] Ich konnte ihr einen konkreten Bereich nennen, in dem ihre Spende einen echten Bedarf decken würde – davon war sie begeistert. Das war genau das Thema, das sie gern unter-*

*stützen wollte. Und selbstverständlich sind wir mit dieser Spende wirtschaftlich sinnvoll und absolut effizient umgegangen. Heute fährt ein solider Kleinwagen mit einem tollen Aufdruck, der für Kinderrechte wirbt, unsere Mitarbeitenden zu ihren Einsätzen in der Region."*

*Sarah Keller, Wohlfahrtsverband*

**Der Beginn: ein Perspektivwechsel**

Fördermittel sind häufig Fluch und Segen zugleich. Ganz klar: Ohne Fördermittel ist Wirkung meist gar nicht möglich. Es ist toll, wenn Ihre Idee als so wertvoll und wirkungsvoll angesehen wird, dass jemand oder eine Organisation Geld in Ihre Arbeit investiert. Und gleichzeitig sind wir uns darüber bewusst – nicht zuletzt durch das Schreiben eines Buchs über Fördermittelmanagement –, dass es Fördermittelnehmenden in Deutschland nicht leicht gemacht wird. Immer wieder führen aufwendige und undurchsichtige Antragsverfahren, zum Teil sehr realitätsferne Bedingungen und wenig Spielraum, zu verständlichem Frust. Und dennoch möchten wir ganz bewusst für eine wertschätzende Kommunikation werben. Denn Ihr Gegenüber ist zunächst einfach ein Mensch mit einem Auftrag, meist Auflagen, die ihn treffen, und einer Struktur, deren Teil er ist. Um zwischen einer mitunter überlebensfeindlichen Förderstruktur und der Person am anderen Ende des Telefons zu unterscheiden, braucht es zunächst Empathie.

*„Wenn wir einander so [auf Augenhöhe] begegnen, entwickelt sich ein gegenseitiges Vertrauen. Wir haben dann viel mehr Möglichkeiten, auch neue Wege zu gehen, Dinge zu testen oder auch Vorhaben gemeinsam anzupassen, wenn wir feststellen, es gibt einen besseren Weg. Um Vertrauen aufzubauen, müssen wir den Menschen in der Beziehung sehen. Es geht also auch um Empathie und die Frage: Was braucht mein Gegenüber?"*

*Rebecca Rank, Acker e. V.*

**In die Gesprächspartnerin hineinversetzen**

Sich in die Situation Ihrer Gesprächspartnerin hineinzuversetzen, schafft insbesondere bei formalen Herausforderungen wichtige Brücken, ist aber auch ein grundlegender Baustein von Beziehungsarbeit. Denn ohne Empathie können Sie Ihrem Gegenüber keine Wertschätzung entgegenbringen. Wer sich wertgeschätzt und gesehen fühlt, der öffnet sich eher und denkt über die formalen Anforderungen hinaus wahrscheinlicher mit. Empathie und Wertschätzung haben die Kraft, eine Kettenreaktion auszulösen, die nicht sofort sichtbar ist, sich aber auf lange Sicht gesehen auszahlen wird.

Deswegen an dieser Stelle eine kleine Übung:

**Übung**

**Perspektivwechsel**

Versetzen Sie sich in eine konkrete Fördermittelgeberin oder einen Fördermittelgeber hinein.

Was sind ihre oder seine Motivationen?
Was macht Druck?

______________________________

______________________________

Erinnern Sie sich an eine Situation, in der Sie sich über die Person geärgert haben? Wie würde sie die Situation beschreiben? Warum hat sie so gehandelt?

______________________________

______________________________

Und haben Sie eine Idee, wie Sie eine Brücke zwischen Ihnen hätten bauen können?

______________________________

______________________________

*Vorlieben kennenlernen*

Ist die Förderung von vornherein auf eine einmalige Projektförderung begrenzt und signalisiert Ihre Ansprechpartnerin klar, dass ein Minimum an Kommunikation gewünscht ist, sollten Sie sich auf die formalen Erwartungen konzentrieren. Ist Ihre Ansprechpartnerin bei Gesprächen schnell inhaltlich involviert, signalisiert Interesse und ist zudem eine Anschlussförderung möglich, sollten Sie bewusst Zeit in eine Kommunikation investieren, die über Formalia hinausgeht und vor allem zu den Vorlieben Ihres Gegenübers passt.

Lernen Sie ab dem ersten Gespräch Ihr Gegenüber besser kennen und scheuen Sie nicht davor zurück, ganz direkt zu fragen. Mit der Zeit werden Sie ein gutes Gefühl dafür entwickeln, welche Dynamik für beide Seiten passt.

**Checkliste „Kommunikationsvorlieben":**

- Wie viel Kommunikation will Ihre Ansprechpartnerin? [Minimum vs. intensiver regelmäßiger Austausch]
- Welche Kommunikationswege sind bevorzugt? [Telefon, E -Mail, persönlich, ...]
- Zu welchen Zeiten ist Ihre Ansprechpartnerin erreichbar?
- Welches persönliche Interesse an der Förderthematik besteht? [keines, persönliche Geschichte, ... ]
- Welche eigene Agenda verfolgt Ihre Ansprechpartnerin? [muss sie sich rechtfertigen, hat sie eigene Auflagen, ...]
- Was sind die Herausforderungen und Bedarfe Ihrer Förderpartnerin?
- Was macht ihr Freude?

*„Was ich nicht gut finde, ist, wenn mich Menschen, die ich gar nicht kenne, anrufen, um mir von ihrem Projekt zu erzählen. Eine E-Mail oder einen schriftlichen Antrag – der bereits beachtet, was auf unserer Stiftungshomepage steht, finde ich viel niedrigschwelliger."*

*Rupert Antes, Haniel Stiftung*

***Machen Sie Ihrer Förderpartnerin die Arbeit leicht***

Wohlwollen beschreibt eine emotionale Vertrautheit, die sich in professionellen Förderbeziehungen zwar mit der Zeit entwickeln kann, zunächst aber nicht mit Freundschaften oder Ähnlichem vergleichbar ist. Respekt und Wertschätzung können das Wohlwollen unterstützen, aber auch einige sehr einfache, sachliche Aspekte der Kommunikation können helfen. Gerade in Begleitprozessen wird eine Zusammenarbeit für Förderpartnerinnen dann angenehm, wenn sie leicht ist.

Viel zu häufig kommen Mitarbeitende von fördernden Organisationen in die unangenehme Position, kritisch nachfragen zu müssen, Informationen hinterherlaufen zu müssen und sich am Ende unbequem zu fühlen. Lassen Sie Ihr Gegenüber erst gar nicht in eine solche Situation kommen. So wird es die Zusammenarbeit mit Ihnen als (ungewöhnlich) leicht und angenehm empfinden. Nehmen Sie ihm Arbeit ab!

**Checkliste „Einfachheit":**

- Ich kenne die Erwartungen meiner Ansprechperson (viel vs. wenig Kommunikation; bevorzugte Kommunikationskanäle).

  Hören Sie zu und fragen Sie hier auch gezielt nach. Manche Menschen bevorzugen einen direkten Anruf, andere mögen E-Mails mit Fragen. Manche Förderpartnerinnen möchten während der Projektlaufzeit so wenig wie möglich von Ihnen hören; andere sollten Sie zu jeder passenden Veranstaltung einladen.

- Ich verwende immer einen sinnvollen Betreff in meinen E-Mails und benenne auch Dateien sinnvoll.

  So wichtig die Förderung für Ihr Projekt ist – es kann sein, dass Ihre Ansprechpartnerin für zig Projekte verantwortlich ist. Verwenden Sie immer eindeutige und leicht verständliche Betitelungen.

- Ich nehme mir Zeit, mein Anliegen zu strukturieren und komme auf den Punkt.

  Nehmen Sie sich die Zeit, Ihrem Gegenüber Zeit zu sparen. Eine gut strukturierte E-Mail (das gilt auch für ein Gespräch) sollte auf den Punkt kommen, nicht zu lang sein und Ihr Anliegen klar hervorheben.

- Ich schreibe/spreche so, dass mein Gegenüber mich verstehen kann

  Sie kennen Ihre Thematik wahrscheinlich sehr gut, Ihr Gegenüber ist wahrscheinlich weniger Expertin. Geben Sie somit alle nötigen Informationen zum Verständnis mit, achten Sie ebenso darauf, nicht unnötig tief in die Thematik einzusteigen.

*„Wer ist mein Gegenüber? Gibt es vielleicht noch ein Gremium wie einen Vorstand oder ein Kuratorium, das neben meinem Gesprächspartner ebenfalls überzeugt werden muss? Welche Informationen könnte dieses Gremium noch benötigen? Auch wenn mein Gesprächspartner total begeistert und überzeugt zu sein scheint, so hat er ja auch bestimmte Entscheidungswege, die er einhalten muss. Mit einer positiven Grundhaltung und einem Perspektivwechsel kann ich Begeisterung auf allen Ebenen wecken und weitergeben und mich mit den Vertretern aus Ministerien, Stiftungen oder Unternehmen als Team zusammentun und gemeinsame Ziele formulieren. Die Beweggründe meines Gesprächspartners wirklich zu verstehen, ist dabei ein ganz wichtiger Aspekt."*

*Rebecca Rank, Acker e. V.*

**Reißen Sie Ihre Förderpartnerin mit**

Erzählen Sie von Ihrer Wirkung! Und seien Sie dabei ruhig begeistert! Die Bedingungen der Förderung stellt Ihre Geldgeberin auf. Dennoch ist es die Wirkung, die Sie mit diesen Mitteln erreichen, die es wiederum Ihrem Gegenüber ermöglicht, den eigenen Zweck zu erfüllen. Sie kommunizieren somit nicht allein aus der Pflicht heraus, Auflagen zu erfüllen, sondern können selbstbewusst von Ihren Erfolgen berichten und für Ihre Arbeit werben, soweit Ihr Gegenüber offen dafür ist. Denn auf diese Weise geben Sie Ihrer Förderpartnerin die Möglichkeit, sich anstecken zu lassen, Ihre Ergebnisse für sich zu nutzen, Ihre Verbündete zu werden und im besten Fall eine Fürsprecherin in der fördernden Organisation.

## 2.3 Inspirationen für mitreißende Kommunikation:

- Sie können besonders dann andere begeistern, wenn Sie selbst begeistert sind. Berichten Sie also von den Momenten, die Ihnen selbst als Motivation dienen. Sie können diese auch gezielt im Team erfragen und für die Fördermittelgeberin sammeln. Teilen Sie diese in passenden Momenten oder senden Sie, wenn es zu Ihrer Förderbeziehung passt, auch mal unaufgefordert einen kurzen Einblick. Haben Sie keine Angst, sich selbstbewusst und gut zu verkaufen, dort, wo Sie wirklich stolz auf die eigene Arbeit sind!

- Denken Sie ruhig auch die Kommunikation Ihrer fördernden Organisation mit. Wenn Ihre Ansprechpartnerin begeistert ist, wird sie Ihre Begeisterung teilen und kann dies für die Kommunikation der eigenen Organisation nutzen. Das ist für Sie Werbung und vor allem ein gutes Zeichen für eine positive Förderbeziehung. Fragen Sie gezielt nach, ob Sie Geschichten aus dem Projekt teilen sollen, verlinken Sie die Förderorganisation und erwähnen Sie sie, wenn diese das möchte.

- Fördermittelgeberinnen haben meist einen großen Abstand zu der Projektarbeit vor Ort. Dabei begeistert gerade Nähe. Also berichten Sie von Ihrer Arbeit und geben Sie den (finanziellen) Zahlen ein Gesicht, indem Sie, wenn möglich, von konkreten Personen, Gefühlen und Situationen berichten. Wie sonst soll jemand, der in seinem Alltag kaum Berührungspunkte zu Ihrem Projekt hat, mitgenommen werden?

- Wo wir beim Thema „Mitnehmen" sind: Sie haben konkrete Veranstaltungen, Workshops oder einen Ort, an dem sie etwas zeigen können? Laden Sie Ihre Förderpartnerin ein. Nichts verbindet mehr als gute Eindrücke aus erster Hand.

- Zeichnen Sie, wo es passt, sogar eine (gemeinsame) Vision. Wo könnte sich das aktuelle Projekt hin entwickeln? Was könnte daraus erwachsen? Geben Sie Ihrer Förderpartnerin darin einen Platz. Wenn aus einer einmaligen Förderung mehr werden soll, dann hilft es, wenn solche Visionen bereits während der Projektlaufzeit entstehen. Besonders gut eignen sich hierfür emotionale Anlässe wie inspirierende Veranstaltungen oder aktuelle Herausforderungen. In persönlichen Gesprächen gibt es sicher Möglichkeiten, neue Ideen vertrauensvoll zu teilen, ohne direkt das Thema „Finanzierung" einzubringen.

*Geben Sie regelmäßig wertschätzendes Feedback*

Was für Ihre Mitarbeitende und Ehrenamtliche im Projekt gilt, können Sie auch auf Ihre Förderpartnerin übertragen. Jeder Mensch möchte sich wirksam fühlen. Ein direktes Feedback, wie man selbst und im Fall der Förderpartnerin wie die Finanzierung hilft, etwas umzusetzen und etwas zu bewegen, tut einfach gut. Geben Sie also regelmäßig wertschätzendes Feedback mit einem direkten Bezug zum Anteil Ihrer Förderpartnerin.

Eine einfache E-Mail nach einer durchgeführten Maßnahme mit ein paar Sätzen genügt:

*„Gestern waren wir mit fünf Kindern, die so etwas noch nie erleben konnten, im Theater. Danke, dass Sie das ermöglicht haben. Die Gespräche im Anschluss waren richtig fröhlich und inspirierend."*

Auch hier gilt: Bleiben Sie ehrlich! Eine solche Form der Kommunikation ist nicht formal gefordert und sollte nur platziert werden, wenn Sie wirklich dahinterstehen. Aber wenn Sie stolz sind, inspiriert von der Arbeit und sich wirkungsvoll fühlen: Teilen Sie dieses gute Gefühl!

*Gestalten Sie eine Partnerschaft auf Augenhöhe*

Ihre Geldgeberin hat mehr Ressourcen als Fördergelder. Viele Fördernde setzen sich seit Jahren intensiv mit bestimmten Themen auseinander und sind Profis in der Netzwerkarbeit. Nehmen Sie Ihr Gegenüber als die Expertin wahr, die sie abseits der finanziellen Ressource ist. Denn indem Sie sie bei Gedankengängen einbeziehen und um Rat oder Hilfe auf inhaltlicher oder strategischer Ebene fragen, zeigen Sie Wertschätzung und bewegen sich auf Augenhöhe. So ermutigt, kann es dazu kommen, dass Ihre Geldgeberin Sie an passender Stelle mitdenkt, Türen öffnet oder sogar auf weitere Fördermöglichkeiten hinweist.

Achten Sie allerdings darauf, dass Sie Ihre Anfragen auch ernst meinen. Um Rat gefragt zu werden und dann das Gefühl zu bekommen, nur pro forma gefragt worden zu sein und nicht gehört zu werden, richtet mehr Schaden an, als dass es hilft. Und einen Rat anzunehmen, bindet häufig zusätzliche Ressourcen. Fragen Sie sich somit vorab ehrlich: Welche Hilfe brauche ich genau und welche Kapazitäten haben wir, Feedback oder Ideen tatsächlich aufzunehmen?

Auf der anderen Seite gilt: Seien Sie da, wenn Ihre Förderpartnerin etwas braucht – ob auf inhaltlicher Ebene beratend, für eine Veranstaltung, als Teilnehmerin einer Podiumsdiskussion, als Partnerin für Öffentlichkeitsarbeit, über Ihr Netzwerk zu anderen spannenden Projekten oder für einen vertrauensvollen Austausch zu aktuellen Herausforderungen.

*Vertrauen braucht Transparenz*

Für eine vertrauensvolle Förderbeziehung braucht es transparente Kommunikation. Dabei geht es ebenso um das richtige Maß an Kommunikation sowie um Zeitpunkt und Form. Selten verläuft in einem geförderten Projekt alles wie geplant. Wann Sie mit Ihrer Geldgeberin über Änderungen oder Rückschläge sprechen, ist von Fall zu Fall zu entscheiden. Hier greift neben den formalen Anforderungen ein gutes Gefühl für die Situation, denn Sie sollten diese nicht unnötig verunsichern und bei jeder Kleinigkeit mit einem Problem ankommen. Genauso wenig sollten Sie erst nach Projektabschluss davon berichten, dass mit dem Geld etwas anderes gemacht wurde als geplant. Förderbedingungen geben hier einen Rahmen, dennoch geht es um mehr.

Gute Kommunikation kann viel bewirken. Sowohl gemeinsam mit den vielen ehrlich interessierten und kompetenten Menschen an der Seite fördernder Organisationen als auch in Momenten, wo Bürokratie und Intransparenz Ihre Arbeit schwerer als nötig oder fast unmöglich machen.

# Der Antrag

[Jetzt geht es los]

# 3. Aufbau und Struktur eines Antrags

Die Machbarkeit wurde geprüft und das Ziel nach einer echten Partnerschaft mit dem Förderer verinnerlicht. Es folgen nun einige Tipps zum Schreiben des Antrags. Dieser besteht in der Regel mindestens aus einer schriftlichen Beschreibung des geplanten Vorhabens (Projektskizze) und einem Kosten- und Finanzierungsplan. In vielen Fällen müssen weitere Dokumente beigefügt werden. Auf die wichtigsten Bestandteile geht dieses Kapitel ein.

## 3.1 Projektskizze/Vorhabenbeschreibung

Viele Förderpartner halten heute Eingabemasken online vor oder bieten auf ihrer Homepage Formulare zum Download für das Einreichen eines Antrags. Hierin finden sich häufig Leitfragen, die die antragstellende Organisation beantworten muss. Es gibt aber auch den Fall, dass es keine Formvorgaben für die Beschreibung des geplanten Projektes gibt, für das man Geld einwerben will. Hier empfehlen wir einen Aufbau, der diese Struktur abbildet:

**Beispielstruktur für einen Antrag**

Projekttitel
Beantragende Organisation mit Rechtsform
Beantragter Förderzeitraum [Startdatum – Enddatum]
Beantragte Fördersumme in Euro

1. Über die Organisation
2. Gesellschaftliche Herausforderung(en)
3. Kurzbeschreibung des Vorhabens
4. Zielgruppe(n)
5. Ziele
6. Maßnahmen
7. Nachhaltigkeit
8. Öffentlichkeitsarbeit

*Abbildung 1: Beispielstruktur für einen Antrag (Quelle: eigene Darstellung)*

Wie ausführlich sollten die einzelnen Themen dargestellt werden? Das ist sozusagen die Gretchenfrage. Hier ist wieder Fingerspitzengefühl gefragt. Denken Sie auch an den Elevator-Pitch aus Kapitel 2.1 (S. 26f.). Zunächst sollte geprüft werden, ob eine maximale Länge für die gesamte Vorhabenbeschreibung vorgegeben ist. Die in der Auflistung oben in grau hinterlegten Punkte drei bis sieben stellen den Kern des Antrags dar und sollten den größten Raum einnehmen (mindestens 70 Prozent). Wenn keine konkrete

Vorgabe für den Gesamtumfang existiert, dann lohnt es sich, den Wunsch des potenziellen Förderpartners abzufragen. Kennen Sie die Antwort (bspw. nicht mehr als fünf Seiten), können Sie sich die einzelnen Kapitel einteilen und den Umfang festlegen.

### *3.1.1 Bestandteile*

*Wer sind wir? Zweck und Alleinstellungsmerkmal*

Die **Beschreibung Ihrer Organisation** ist die Einleitung und Vorstellung für den Lesenden. Hieraus soll in kurzer und prägnanter Form hervorgehen, wer diesen Antrag verfasst hat und welche Ziele, Entwicklung oder Errungenschaften die Organisation auszeichnen. Denken Sie beim Formulieren am besten an einen Pressetext, der als kurzer und prägnanter Abbinder unter einer Mitteilung steht, oder an den Text, der auf der Startseite Ihrer Webseite ihre Organisation vorstellt. Verlieren Sie sich nicht in Details und denken Sie an den ersten Eindruck. Das ist der Moment, in dem er entsteht und unter dem der Leser die folgenden Texte wahrnehmen wird. Sie wollen sich hier als kompetenter und vertrauenswürdiger Partner vorstellen, der Gelder und Projekte mit größter Sorgfalt und Professionalität einsetzt und umsetzt.

*Gesellschaftliche Herausforderungen*

Hier steht die Frage nach dem „**Warum** ist unser Vorhaben wichtig" im Vordergrund. Es geht an dieser Stelle darum, die Notwendigkeit ihres Vorhabens herauszuarbeiten. Stellen Sie die Entwicklung oder den Status der gesellschaftlichen Problemstellung vor, vor deren Hintergrund das Projekt durchgeführt werden soll. Idealerweise liegen Ihnen (möglichst aktuelle) Studien vor, aus denen Sie zitieren können.

*Kurzbeschreibung des Vorhabens*

**„Was"** ist geplant, das ist hier die Frage. Verfassen Sie eine kurze Zusammenfassung Ihrer Idee. Stellen Sie sich vor, dass dieser Text später einmal im Jahresbericht oder auf der Webseite des Förderers erscheinen wird, dann werden Umfang und Inhalt schnell greifbar. Es handelt sich um wenige Sätze, die dem Lesenden erstmals ihre Idee vorstellen. Es sollten also alle wichtigen Fakten möglichst prägnant enthalten sein und sie sollen neugierig auf mehr machen. Wie würden Sie einem Freund oder einer Kollegin das Vorhaben in zwei Minuten vorstellen? Wichtige Inhalte: Projekttitel, durchführende Organisation, Laufzeit/Zeitraum, Maßnahmen und Ziele.

*Zielgruppe(n) definieren*

Beschreiben Sie hier **„für Wen"** das Vorhaben durchgeführt werden soll. Wer sind die Zielgruppen, die an den geplanten Maßnahmen teilnehmen und von Ihnen profitieren sollen? Stellen Sie sich auch die Frage, welche demografischen, sozialen oder strukturellen Merkmale diese Zielgruppen aufweisen und beschreiben Sie diese. Die Leitfrage ist: An wen richtet sich das Projekt und wer kann teilnehmen? Hier kann auch Erwähnung finden, wie Sie in Kontakt zu den Zielgruppen stehen, über welche Netzwerke Sie verfügen und wie Sie die Zielgruppen erreichen wollen.

*Ziele benennen*

**„Was wollen Sie bewirken"**, welche Veränderungen sollen bei den Zielgruppen herbeigeführt werden? Bei den Zielen geht es um Klarheit und gleichzeitig um den Kern des Vorhabens. Strukturieren Sie Ihre Kernziele anhand der Veränderungen und des Benefits, die für die Zielgruppen im Speziellen, aber auch für die Gesellschaft im Ganzen angestrebt werden. Dabei sollten alle Ziele realistisch erreichbar sein – es geht nicht darum, durch übertrieben hohe Zielzahlen zu beeindrucken, die aber nicht erreicht werden, oder sogar das Team überlasten. Es kann hilfreich oder sogar erforderlich sein, dass Sie auch formulieren, wie Sie die Zielerreichung messen. Hierzu müssen Sie festlegen, welche Indikatoren Ihnen Aufschluss über die Zielerreichung geben, welche quantifizierbaren und qualifizierbaren Messpunkte es gibt und wie Sie diese auswerten wollen.

Es kann sogar Sinn machen, auf die entsprechenden Maßnahmen (nächster Punkt) zu verweisen, die maßgeblich zur Zielerreichung beitragen sollen – oder die Maßnahmen mit Verweisen auf die Ziele zu versehen. Hilfestellung bei der Formulierung von Zielen und Wirkungsketten gibt z. B. das „Kursbuch Wirkung" von www.phineo.org. Es steht neben vielen weiteren Publikationen zum kostenfreien Download auf der Webseite bereit.

*Maßnahmen im Projekt*

In diesem Teil der Projektskizze beschreiben Sie, „**was genau**" Sie in der Durchführung des Projekts an Maßnahmen planen. Hier finden auch ein Zeitplan Platz sowie wichtige Meilensteine und eben die einzelnen Maßnahmen im Projektverlauf. Arbeiten Sie auch hier wieder mit einer klaren und gut lesbaren Struktur, z. B. in Projektphasen:

a. Konzeptionsphase

b. Durchführung

c. Abschluss

Beschreiben Sie die geplanten Einzelmaßnahmen pro Phase. Ziel ist es, zu verdeutlichen, dass Sie eine genaue Vorstellung von der Durchführung und Durchführbarkeit haben. Die Maßnahmen müssen sich logisch im Kosten- und Finanzierungsplan wiederfinden.

*Nachhaltigkeit: Was wollen wir erreichen?*

Kein Projekt ohne Abschluss und kein Antrag ohne die Beantwortung der Frage: „**Wie geht es weiter**, was wollen wir langfristig erreichen?" Beschreiben Sie hier, wie die Wirkung Ihres Vorhabens verstetigt werden kann und soll und wie Sie die Nachhaltigkeit der Wirkung sicherstellen wollen. Dazu gehört bspw., dass Sie in Aussicht stellen, wie im Projekt erlangtes Wissen in die Organisation getragen werden soll, wie und für wen Handlungsempfehlungen aus dem Projekt resultieren können oder auch, welches Erkenntnisinteresse Dritte haben können. Für Förderpartner ist dies nachvollziehbarerweise von immenser Bedeutung. Sie möchten ihr Geld schließlich in substanzielle und nachhaltig wirkungsvolle Initiativen investieren.

*Öffentlichkeitsarbeit*

**Tue Gutes und rede darüber!** Für viele Förderpartner ist es wichtig, zu verstehen, wie die Öffentlichkeit über das Projekt, die Maßnahmen und Erfolge informiert werden soll. Dies kann sogar Teil der Förderbedingungen sein. Schließlich müssen sie durch eine etwaige Förderung ebenfalls einen Zweck erfüllen. Gleichzeitig ist auch Ihre Organisation einem Zweck verpflichtet, der dem Gemeinwohl und der Gemeinnützigkeit dient. Beschreiben Sie an dieser Stelle, welche Kommunikationskanäle Sie bedienen, welche Social-Media-Aktivitäten geplant sind und wie Sie die Medien einbeziehen und informieren wollen.

> **Achtung:** Es gibt Fälle, in denen das Logo der Förderpartner nicht in Broschüren oder Arbeitsmaterialien abgedruckt werden darf, wenn diese an Minderjährige ausgegeben werden – bspw. bei der Förderung durch Lotterien.

### *3.1.2 Weitere mögliche Bestandteile und Besonderheiten*

*Innovation*

Erfordert die Ausschreibung einen besonderen **Innovationsgrad der geförderten Projekte**, so ist es ratsam, diesen in einem weiteren Kapitel explizit zu beschreiben. Was macht Ihre Idee einzigartig, was ist das Neue daran?

*Haushaltswirtschaftliche Auswirkungen*

Bei öffentlichen Förderungen begegnet uns nicht selten die **Frage nach den haushaltswirtschaftlichen Auswirkungen**. Was ist damit gemeint? Es geht um die Darstellung, wie sich das Projekt in die Gesamtfinanzierung der Organisation einfügt. Im Klartext: Geht die Organisation mit dem Projekt ein finanzielles Risiko ein? Entstehen Folgekosten, über deren Deckung noch keine Klarheit herrscht? Wie stellt sich die generelle Finanzlage der Organisation dar?

**Beispiel:**

Sie planen eine große Ausstellung. Für die Lagerung der Exponate entstehen Kosten, die über die Projektlaufzeit hinaus anfallen werden. Stellen Sie dar, wie Sie diese decken wollen.

### *3.1.3 Grundsätzliche Tipps*

Ein einfaches und effizientes Vorgehen beim Schreiben und Formulieren des Antragstextes ist immer ein Dokument, in dem paralleles Arbeiten mit Änderungsverfolgung möglich ist. Nutzen Sie digitale Strukturen! Wenn möglich schreiben Sie besser im Team als allein und beziehen Sie Fachpersonen aus der inhaltlichen Arbeit ein. Spätestens für die Korrekturschleifen brauchen Sie Unterstützung. Machen Sie sich auch einen realistischen Zeitplan. Wenn wir mit mehreren Personen gemeinsam arbeiten, braucht jede einzelne ausreichend Zeit, die sie in der Regel in ihrem täglichen Arbeitsablauf unterbringen muss.

- **Perspektive:** Der wichtigste Tipp leitet sich direkt aus dem Kapitel zur Kommunikation mit dem Förderpartner ab: Versetzen Sie sich in seine Lage! Stellen Sie sich vor, Sie erhalten diese Projektbeschreibung! Stellen Sie sich vor, Sie erhalten und lesen unzählige dieser Ideen! Die Kunst ist also, kompakt und gleichzeitig ausführlich genug über Ihr Projektvorhaben und Ihre Organisation zu schreiben. Sie wollen bei den Empfängern im besten Fall Begeisterung für Ihre Idee erzeugen und gleichzeitig die Zeit, die Ihr Gegenüber sich für diese nimmt, maximal wertschätzen.
- **Struktur und Klarheit:** Egal, ob Sie ein Antragsformular ausfüllen oder eine eigene Struktur verwenden: Achten Sie darauf, dass das gesamte Dokument und jeder einzelne Text übersichtlich und logisch strukturiert ist! Vermeiden Sie Schachtelsätze, Wiederholungen und überflüssige Informationen! Nutzen Sie Absätze, (Zwischen-) Überschriften und Formatierungen, um das Lesen zu erleichtern! Der Prozess, eine (neue und) sinnvolle Struktur zu finden, braucht Zeit und Raum und meist mehrere Durchgänge. Sie werden um mehrmaliges Lesen, Umstellen und Neustrukturieren nicht herumkommen.
- **Stil:** Wir empfehlen einen sachlichen Stil für das Schreiben von Projektskizzen. Das muss nicht bedeuten, dass diese langweilig oder besonders trocken und hochgestochen formuliert sind. Bleiben Sie klar und vermeiden Sie Umgangssprache! Schreiben mehrere Personen an der Projektskizze, so versuchen Sie, die unterschiedlichen Schreibstile und Formulierungen am Ende möglichst zu vereinheitlichen!
- **Rechtschreibung:** Es scheint nicht erwähnenswert, weil selbstverständlich. Die Praxis zeigt allerdings, dass es nicht oft genug wiederholt werden kann: Rechtschreibung ist elementar! Nutzen Sie die Rechtschreibprüfung ihres Textverarbeitungsprogramms und planen Sie ausreichend Korrekturschleifen! Ihr Anspruch sollte sein, ein fehlerfreies Dokument von hoher inhaltlicher und formaler Qualität abzugeben!

- **Fragen beantworten:** Gibt die potenzielle Förderpartnerin Leitfragen vor, die Sie beantworten müssen, prüfen Sie unbedingt, ob Sie dies auch getan haben! Sowohl bezogen auf den Inhalt als auch auf Vollständigkeit. Der beste Tipp an dieser Stelle ist es, den fertigen Antragstext von Personen, die am Schreibprozess unbeteiligt sind, prüfen zu lassen und zwar mit genau diesem Arbeitsauftrag: *„Bitte schau dir meinen Antragstext mit Blick darauf an, ob die Frage in allen Punkten beantwortet wird."*

**Beispiel:**

F: Erläutern Sie, an welche Zielgruppen sich Ihr Projekt richtet und wie Sie diese erreichen!

A: Die Kernzielgruppe des Vorhabens sind Bewohnerinnen und Bewohner der Pflegeeinrichtung „Sonnenseite" sowie deren Angehörige.

**Mit dieser Antwort haben Sie den zweiten Teil der Frage außer Acht gelassen. Er bleibt unbeantwortet. Besser:**

A: Die Kernzielgruppe des Vorhabens sind Bewohnerinnen und Bewohner der Pflegeeinrichtung „Sonnenseite" sowie deren Angehörige. Die Zielgruppe wird durch die monatlichen Informationsveranstaltungen „Runder Tisch", die Informationstafel im Eingangsbereich und über die Hauszeitung „Sonnenseite aktuell" informiert und zur Teilnahme eingeladen. Angehörige werden darüber hinaus über einen Newsletter, der ebenfalls monatlich erscheint, informiert.

- **Zeichenbegrenzung:** Oft begegnen uns Antragsformulare, die pro Kapitel und Fragestellung eine maximale Zeichenbegrenzung vorsehen. Sind diese besonders großzügig bemessen, versuchen Sie nicht, den Platz um jeden Preis auszureizen und an die erlaubte Grenze heranzuschreiben. Weniger ist oft mehr! Der unter Punkt 1 erwähnte Grundsatz bleibt: So detailliert wie nötig und so kompakt wie möglich – wir wertschätzen die Zeit des Lesers. Es gibt nicht selten Fälle, da sind die Zeichenbegrenzungen herausfordernd gering gehalten und man soll in bspw. 200 Zeichen die gesamte Zielsetzung aller Maßnahmen erläutern. Schreiben Sie den Text zunächst ohne die Begrenzung im Kopf vor und bitten Sie um Hilfe beim Kürzen! Eine KI kann hier zu einem hochgeschätzten Komplizen werden und liefert binnen Sekunden einen Vorschlag. „Kürze diesen Text auf maximal 200 Zeichen inklusive Leerzeichen." wäre der entsprechende Befehl, gefolgt von Ihrem vorgeschriebenen Text.

- **Quellenangaben:** Wenn Sie aus Studien, aus der Presse oder weiteren Medien zitieren, dann geben Sie unbedingt die Quelle an! Dies kann durch Fußnoten oder in Klammern geschehen.

- **Bilder und Grafiken:** Gibt es keine Formvorgaben, so empfehlen wir, den Antrag durch wenige, qualitativ hochwertige und aussagekräftige Bilder und/oder Grafiken anzureichern. Bilder und Symbole helfen dem Leser, seinen Eindruck über das Vorhaben visuell zu unterstützen. Gleichzeitig lockern sie die Texte auf und erleichtern die Lesbarkeit. Vergessen Sie nicht, die Rechte- und Urheberangaben bei verwendeten Bildelementen anzugeben.

- **Evidenz:** Vermeiden Sie Behauptungen, die keiner Prüfung standhalten.

**Beispiel:**

Nach Teilnahme an dem Projekt wird die Zielgruppe rassistische Vorurteile abgelegt haben.

→ Das können Sie nicht wissen und schon gar nicht beweisen.

Besser: Das Projekt hat das Potenzial, dass die Zielgruppe eigene rassistische Vorurteile kritisch hinterfragt und ablegt.

**Exkurs: KI als nützliches Tool**

**Künstliche Intelligenz** ist in aller Munde und es gibt viele (noch) ungeklärte Aspekte, insbesondere zu Urheberrecht, Datenschutz und Ethik. An einigen Stellen können verschiedene Tools jedoch – richtig angewendet – schon jetzt einen hilfreichen Beitrag beim Fördermittelmanagement leisten.

Behalten Sie dabei eines immer im Hinterkopf: Alles, was eine KI als Ergebnis präsentiert, hat irgendwann mal ein Mensch verfasst, kreiert oder geschaffen. Die KI ordnet Dinge nur neu. Diesem Grundgedanken folgend ergeben sich für uns immer dann praktische Anwendungsfelder, wenn wir eigens verfasste Texte, Passagen oder Stichworte lediglich durch eine KI umbauen lassen. Eine KI kann dabei helfen, Texte umzuformulieren, zu kürzen oder Kerngedanken aus längeren Texten zusammenzufassen. Wir vermeiden es in unserer Organisation, Fragen aus Antragsformularen in Gänze als Frage an die KI weiterzugeben und die Antworten einfach zu übertragen.

Zum Thema „Datenschutz" müssen Sie bedenken, dass alle Daten, die Sie einer KI geben, auch anderen Nutzern zur Verfügung gestellt werden (die KI ist selbstlernend und bedient sich immer aus allen eingegebenen Daten). Laden Sie niemals sensible Informationen aus Ihrer Organisation in eine KI!

Zu guter Letzt wollen wir unsere Gedanken zu ethischen Fragen und KI mit Ihnen teilen: Wir arbeiten in unserer Organisation u. a. mit Audioaufnahmen von Zeitzeugen, die den Holocaust überlebt haben. Viele dieser einstigen Gesprächspartner sind bereits verstorben. Es würde nur wenige Klicks und Mühe bedürfen, die Stimmen der Holocaustüberlebenden durch eine KI klonen zu lassen. Dies haben wir in unserer Organisation allen Mitwirkenden grundsätzlich untersagt. Uns liegt kein Einverständnis der Überlebenden vor, ihre Audioaufnahmen in dieser Weise zu nutzen. Gleichzeitig wäre es uns dadurch möglich, ihnen Aussagen in den Mund zu legen, die Sie nie getätigt haben. Dieses Beispiel hat nicht unmittelbar etwas mit Fördermittelmanagement zu tun. Uns ist es aber wichtig, es an dieser Stelle zu benennen. Prüfen Sie Ihre Themen und Arbeitsfelder auf sensible Daten und ethische Fragen, um einen klaren Fahrplan zu entwickeln, wie und wofür KI zum Einsatz kommen kann.

**Beispiele für hilfreiche KI-Tools und Anbieter:**

- **Claude:** allgemeiner Chatbot und kreatives Schreiben mit personalisierbarem Stil
- **NotebookLM:** Dokumentenanalyse mit Quellenimport
- **Sonix:** Transkription (Audio und Video)
- **DeepL:** Übersetzung von anspruchsvollen Texten

## 3.2 Kosten- und Finanzierungsplan

Zu der Beschreibung Ihres Projektvorhabens gehört auch immer ein ebenso aussagekräftiger sowie gut strukturierter Kosten- und Finanzierungsplan. Nutzen Sie zur Erstellung unbedingt ein Tabellenprogramm und Formeln, die eine Berechnung automatisch vornehmen. So reduzieren Sie mögliche Fehlerquellen. Gibt es keine Vorlage oder Tabelle, die der Mittelgeber zur Verfügung stellt, so hat sich folgender Aufbau bewährt. Die mit Ziffern versehenen Bestandteile werden im Folgenden erläutert:

Kosten- und Finanzierungsplan: Projekttitel

Laufzeit TT.MM.JJ - TT.MM.JJ

| | KOSTEN | | | JJJJ | |
|---|---|---|---|---|---|
| 1 | *Personalkosten* | | | | |
| | *Rolle* | *Berechnungsgrundlage* | *Monatliches AG-Brutto Vollzeit (40h)* | *Anteil im Projekt* | *Gesamt* |
| | Positionsbezeichnung | Tarifvertrag (bspw. TVL), Eingruppierung und Stufe | € | % | € |
| | | | | | |
| | *Personalkosten gesamt* | | | | € |
| 2 | *Honorarkosten* | | | | |
| | *Aufgabe* | *Berechnungsgrundlage* | *Beschreibung* | *Anzahl im Projekt* | *Gesamt* |
| | Thema/ Feld | Stundensatz/ Tagessatz | Beschreibung der Aufgabe od. des Themas | XX | € |
| | | | | | |
| | *Honorarkosten gesamt* | | | | € |
| 3 | *Sachkosten* | | | | |
| | *Kostenart* | *Berechnungsgrundlage* | *Beschreibung* | *Anzahl im Projekt* | *Gesamt* |
| | Bezeichnung der Anschaffung oder Dienstleistung | Bspw. Hinweis auf Landesreisekostengesetz oder andere Regelungen | Beschreibung der Anschaffung od. Dienstleistung | XX | € |
| | | | | | |
| | *Sachkosten gesamt* | | | | € |
| 4 | *Bürgeschaftliches Engangement* | | | | |
| | *Kostenart* | *Berechnungsgrundlage* | *Beschreibung* | *Anzahl im Projekt* | *Gesamt* |
| | Fiktive Ausgaben f. bürgersch. Engagement | 15€/h | Social Media, Gästebetreuung, Recherche | 100h | 1.500,00 € |
| | *Fiktive Kosten f. bürgerschafttliches Engagement gesamt* | | | | € |
| | | | | | |
| 5 | **Zwischensumme Projektkosten gesamt** | | | | **30.000,00 €** |
| | Verwaltungskostenpauschale (10%) | | | 10% | 3.000,00 € |
| | **Gesamtkosten** | | | | **33.000,00 €** |
| 6 | FINANZIERUNG | | | | |
| | *Geldgeber* | | *Status* | *Anteil* | |
| | Stiftung Weltenraum | | beantragt | 70% | 23.100,00 € |
| | Gertrud Meyer AG | | beantragt | 10% | 3.300,00 € |
| | Eigenmittel Name d. beantragenden Organisation | | | 20% | 6.600,00 € |
| | | davon geldliche Eigenmittel | | 55% | 3.600,00 € |
| | | davon bürgerschaftliches Engagement | | 45% | 3.000,00 € |
| 7 | **Finanzierung gesamt** | | | | **33.000,00 €** |

*Abbildung 2: Kosten- und Finanzierungsplan (Quelle: eigene Darstellung)*

Alle grundsätzlichen Anmerkungen zu Struktur, Vollständigkeit, Genauigkeit, Plausibilität und Qualität aus dem vorherigen Kapitel gelten für die Erstellung des Kosten- und Finanzierungsplans gleichermaßen. Stellen Sie sich auch hier die Frage, welche Informationen ein möglicher Mittelgeber benötigt, damit er Ihr Vorhaben gut einschätzen kann. Bedenken Sie, dass Sie hier in der Regel die Kosten für ein Vorhaben abschätzen müssen, das in der Zukunft liegt. Es ist auch in diesem Process hilfreich und sinnvoll, weitere Personen hinzuzuziehen, die in der Verwaltung Ihrer Organisation arbeiten, und den Plan gemeinsam zu erarbeiten – insbesondere dafür, um die Berechnung der Kosten zu verifizieren. Beziehen Sie auch Personen mit ein, die Erfahrung aus der inhaltlichen Arbeit mitbringen. Sie können am besten abschätzen, ob Sie alle Kostenpunkte bedacht haben, die bei Ihrem Vorhaben entstehen.

Ein Kosten- und Finanzierungsplan enthält immer beides: zunächst die Aufstellung der Kosten und dann die Aufstellung der Finanzierungsquellen.

### *3.2.1 Struktur*

Eine Auflistung nach den Kostenarten „Personalkosten", „Honorarkosten", „Sachkosten" und optional „Fiktiven Kosten für bürgerschaftliches Engagement" sowie „Verwaltungskostenpauschale" sind ein häufiger Standard. Es kann (in seltenen Fällen) vorkommen, dass Förderpartner „Honorarkosten" und „Fiktive Kosten für bürgerschaftliches Engagement" zur Kategorie „Personalkosten" zählen.

***Die verschiedenen Kostenarten***

**Personalkosten:** Geben Sie hier die Positionsbeschreibung an und erläutern Sie in wenigen Stichworten Angaben zu der Rolle, die die Person im Projekt innehaben soll. „Bildungsreferent für Entwicklungspolitik, Projektleitung". Im Feld Berechnungsgrundlage geben Sie an, nach welcher Systematik Ihre Mitarbeitenden vergütet werden (bspw. der Tarifvertrag der Länder (TV-L), an dem sich Ihre Organisation orientiert). Geben Sie außerdem die Eingruppierung der entsprechenden Personalie an und die Stufe (bspw. 11.2). Einige Förderpartner wünschen sich darüber hinaus die Angabe über die Höhe des Arbeitgeberbruttos, wenn die Person in Vollzeit angestellt wäre (unabhängig davon, ob sie es ist). Dies erleichtert die Prüfung, ob die Höhe der Vergütung richtig berechnet wurde und ob das Besserstellungsverbot beachtet wurde (siehe Kapitel 1.2, S. 17). Der Anteil am Projekt bezieht sich auf die Wochenarbeitsstunden. Hat eine Vollzeitstelle in Ihrer Organisation 40 Wochenarbeitsstunden und die Person soll in Ihrem Projekt mit zehn Wochenarbeitsstunden eingesetzt werden, so geben Sie hier 25 Prozent an. In der Zelle für die auf das Projekt anfallenden Kosten können Sie nun die Formel einsetzen, die die Vergütung der Vollzeitstelle mit der Prozentzahl für den Einsatz im Projekt multipliziert.

**Wichtig:** In Kostenplänen werden Gehälter immer mit den Gesamtkosten (Arbeitgeberbrutto) angegeben, die Ihnen als Organisation entstehen. Also inklusive aller Lohnnebenkosten wie Sozialversicherungen und Steuern mit Arbeitnehmer- und Arbeitgeberanteil. Nehmen Sie zur Berechnung den Wert des Arbeitnehmerbruttos (z. B. aus der für Sie grundlegenden Tariftabelle) und nutzen Sie einen

Onlinerechner *(Brutto-Netto-Rechner)* für Arbeitgeber. Viele Lohnbüros bieten ebenfalls an, den Wert für Sie zu berechnen. Ist der Arbeitnehmer, der diese Stelle bekleiden soll, noch nicht bekannt, so können Merkmale wie Steuerklasse, Freibeträge, Kirchenzugehörigkeit und Krankenkassenbeitrag nur durchschnittlich angenommen werden. Hier kann das tatsächliche Arbeitgeberbrutto um wenige Euros abweichen.

**Honorarkosten:** Bei dieser Kostenkategorie listen Sie die Positionen auf, deren Leistung per Honorar vergütet wird. Einige Förderpartner geben maximale Tages- oder Stundensätze vor, die Sie unbedingt beachten müssen! Sätze, die darüber liegen, sind nicht förderfähig. Geben Sie immer Bruttopreise an!

**Sachkosten:** Schätzen Sie alle geplanten Sachkosten möglichst präzise ein und beschreiben Sie die Berechnung und die Positionen gut. Sind Ihnen Preise nicht bekannt, hilft eine Internetrecherche oder die Nachfrage bei einem Dienstleister. Die Berechnungsgrundlage hilft dem Förderer, ein Gefühl dafür zu entwickeln, dass Sie den Plan gut vorbereitet und recherchiert haben. Fassen Sie gleiche Kostenarten zusammen. Beispielsweise werden Fahrtkosten nicht für jede Person einzeln aufgeführt.

**Bürgerschaftliches Engagement:** Bei dieser Position handelt es sich zwar um fiktive Kosten (es fließt kein Geld), aber dennoch um Kosten. Daher müssen sie auch unter „Kosten" aufgeführt werden. Ist der Einsatz von ehrenamtlicher Mitarbeit als Teil des Eigenanteils durch den Fördergeldgeber gestattet, so geben Sie hier die Stunden und Aufgaben an, die durch das Ehrenamt im Projekt geleistet werden sollen.

**Zwischensumme Projektkosten, Verwaltungskosten und Gesamtkosten:** Summieren Sie hier (idealerweise per Summenformel) die Summe der Personalkosten, Honorarkosten und Sachkosten. Aus dieser Summe wird dann der Prozentsatz der Verwaltungskostenpauschale berechnet (wenn förderfähig und vorgesehen durch den Mittelgeber). Die Summe aus Projektkosten und Verwaltungskostenpauschale ergibt dann die Gesamtkosten des Projekts.

**Finanzierung:** Hier müssen Sie alle Finanzierungsquellen angeben. Im Beispiel gibt es zwei Förderpartner, der erste sollte die Stelle sein, bei der Sie Mittel beantragen. Ebenfalls in der beispielhaften Aufstellung angenommen ist die Anrechenbarkeit von ehrenamtlicher Mitarbeit sowie ein Eigenanteil. Ziehen Sie also vom gesamten Eigenanteil (dieser muss bspw. 20 Prozent der Gesamtkosten betragen) den zuvor berechneten Wert für bürgerschaftliches Engagement ab. So erhalten Sie den geldlichen Eigenanteil, den die Organisation einbringen muss. Es ist für den Förderpartner und für Sie äußerst hilfreich, wenn Sie die zugrunde gelegten Anteile in Prozent angeben. Dies erleichtert Ihre eigene Überprüfung und der Förderpartner sieht auf einen Blick, ob Sie alle geforderten Anteile einhalten. Er kann sogar einen maximalen Prozentsatz angeben, den das bürgerschaftliche Engagement bezogen auf den Eigenanteil haben darf.

**Finanzierung gesamt:** Die Summe aller Finanzierungsquellen muss identisch mit der Summe der Gesamtkosten sein.

| | | | | |
|---|---|---|---|---|
| *Bürgeschaftliches Engangement* | | | | |
| *Kostenart* | *Berechnungsgrundlage* | *Beschreibung* | *Anzahl im Projekt* | *Gesamt* |
| Fiktive Ausgaben f. bürgersch. Engagement | 15€/h | Social Media, Gästebetreuung, Recherche | 100h | 1.500,00 € |
| *Fiktive Kosten f. bürgerschafttliches Engagement gesamt* | | | | € |
| | | | | |
| **Zwischensumme Projektkosten gesamt** | | | | **30.000,00 €** |
| Verwaltungskostenpauschale (10%) | | | 10% | 3.000.00 € |
| **Gesamtkosten** | | | | **33.000,00 €** |

FINANZIERUNG

| *Geldgeber* | | *Status* | *Anteil* | | |
|---|---|---|---|---|---|
| Stiftung Weltenraum | | beantragt | 70% | | 23.100,00 € |
| Gertrud Meyer AG | | beantragt | 10% | | 3.300,00 € |
| Eigenmittel Name d. beantragenden Organisation | | | 20% | | 6.600,00 € |
| | davon geldliche Eigenmittel | | | 55% | 3.600,00 € |
| | davon bürgerschaftliches Engagement | | | 45% | 3.000,00 € |
| **Finanzierung gesamt** | | | | | **33.000,00 €** |

*Abbildung 3: Kosten- und Finanzierungsplan (Detail; Quelle: eigene Darstellung)*

## 3.3 Anhänge

Wir haben in verschiedenen Antragsverfahren eine Vielzahl an Beispielen gesammelt, welche weiteren Anhänge und Dokumente Fördergeldgeber möglicherweise anfordern. Warum noch weitere Dokumente? Wer Mittel vergibt, muss einen rechtlichen Rahmen einhalten und sicherstellen, dass die Mittelvergabe an eine Organisation erfolgt, die alle Voraussetzungen (z. B. auch Stiftungszwecke) erfüllt. Im Folgenden listen wir diejenigen Anhänge auf, die wir in der Vergangenheit einem Antrag beilegen mussten. Es ist nicht unwahrscheinlich, dass Ihnen bei Ihrer Arbeit weitere Themen begegnen, die nicht aufgeführt sind. Bei allen Dokumenten geben wir die Häufigkeit an, in der uns diese begegnet sind (sehr häufig, häufig, selten), und Hinweise dazu, welche Arbeitsschritte und auch Herausforderungen bei der Beschaffung entstehen können (z. B. Zeit, Geld und Dienstleistersuche). So können Sie frühzeitig mit der Beschaffung, Erstellung und Zusammenstellung beginnen und diese planen.

| Anhang | Beschaffung/Ressourcen | Grund der Einforderung |
|---|---|---|
| *sehr häufig* | | |
| Nachweis der Gemeinnützigkeit / Freistellungsbescheid | zuständiges Finanzamt<br><br>Ein Freistellungsbescheid ist in der Regel für höchstens fünf Jahre gültig. Das Finanzamt überprüft ihn alle drei Jahre nach Abgabe der Steuererklärung und verlängert ihn. Dabei bezieht sich der Bescheid stets auf die drei Jahre, die vor der aktuellen Überprüfung liegen.<br><br>Haben Sie die Aktualität und Gültigkeit des Bescheids stets im Blick und planen Sie die Abgabe der Erklärung sorgfältig und regelmäßig. | Der Nachweis der Gemeinnützigkeit ist essenziell für den Förderpartner, da in der Regel nur als gemeinnützig eingestufte Organisationen Förderungen erhalten können. |
| Organisationsdokumente (Satzung/ Gesellschaftervertrag) | Dokumentenablage/Archiv der Organisation<br><br>Stellen Sie sicher, dass alle Organisationsdokumente gut auffindbar in der aktuellen Version vorliegen. Ändert sich Ihre Satzung per Mitglieder- oder Gesellschafterentscheid, so muss ein Notar die Neufassung beglaubigen. Dies kann einige Zeit in Anspruch nehmen und es wird eine Gebühr für den Notar fällig. | Prüfung der Rechtmäßigkeit der Organisation und der Passung der angegebenen gemeinnützigen Zwecke |
| Aktueller Registerauszug | zuständiges Vereins- oder Handelsregister<br><br>Die Eintragung der Organisation oder neuer Verantwortlicher (Vorstand/Gesellschafter) bei den entsprechenden Stellen kann einige Zeit in Anspruch nehmen. | Prüfung der Rechtmäßigkeit der Organisation |
| Vollmachten/ Beleg über Zeichnungsrechte | per Beschluss durch Vorstand/ Gesellschafterversammlung (oder andere Gremien)<br><br>Stellen Sie sicher, dass Vollmachten und Zeichnungsrechte rechtzeitig erstellt und gut auffindbar abgelegt werden. Je nach Turnus der Gremiensitzungen kann ein Umlaufbeschluss notwendig sein. | Prüfung der Rechtsgültigkeit – darf die Person, die den Antrag einreicht, dies überhaupt im Namen der Organisation tun? |

| Anhang | Beschaffung/Ressourcen | Grund der Einforderung |
|---|---|---|
| *häufig* | | |
| Lebensläufe der im Projekt eingesetzten Personen | Mitarbeitende/Ehrenamtliche | Durch die Lebensläufe der im Projekt vorgesehenen Mitarbeitenden kann sich der Förderpartner einen Eindruck über die vorhandene Ausbildung und Kompetenz im Team machen und eine Einschätzung treffen, ob erforderliche Fachkenntnisse vorhanden sind. |
| Kinder- und Jugendschutzkonzept | eigene Erstellung (Wohlfahrtsverbände und Dachorganisationen des Kinder- und Jugendschutzes beraten und haben Vorlagen) | Der Förderpartner muss sicherstellen, dass Sie über ein lückenloses Kinder- und Jugendschutzkonzept verfügen, wenn Ihr Projekt oder Vorhaben die Arbeit mit Kindern oder Jugendlichen vorsieht. |
| Antidiskriminierungsrichtlinie | eigene Erstellung | Der Förderpartner möchte verstehen, wie Sie sicherstellen, dass innerhalb Ihrer Organisation Schutz vor Diskriminierung gewährleistet wird, und welche Anlaufstellen, Schutzräume und Hilfe es für Betroffene von Diskriminierung gibt. |
| Interessenbekundung / Letter of Intent (LoI) | Abfrage bei möglichen Kooperationspartnern<br>Auch dies kann verschiedene Gespräche und Zeit erfordern. Planen Sie frühzeitig und fragen Sie, ob ein LoI für die Vergabeentscheidung von Vorteil sein kann. | Der Förderpartner kann sich durch schriftliche Interessenbekundungen von anderen Organisationen sicher sein, dass Sie bei diesen bereits vorgefühlt haben und diese auch schon von Ihrer Idee überzeugen konnten. |
| *seltener* | | |
| Protokoll der Gründungssitzung der Organisation | Dokumentenablage/Archiv der Organisation | Förderpartner können so den ursprünglichen Gründungsgedanken und Zweck Ihrer Organisation nachvollziehen. |
| Organigramm | eigene Erstellung | Mit dem Organigramm erhält der Förderpartner eine Einschätzung darüber, wie die Organisation im Ganzen strukturiert ist und wie Themen und Verantwortlichkeiten besetzt sind. |

| Anhang | Beschaffung/Ressourcen | Grund der Einforderung |
|---|---|---|
| Finanzbericht und Zuwendungen (z.B. des vergangenen Jahres) | eigene Darstellung nach vorgegebenen Standards<br>Bei Antragstellung kann ein Finanzbericht über einen bestimmten Zeitraum abgefragt werden. Selten ist hier sogar eine sehr detaillierte Aufstellung über alle Spender und Mittelgeber erforderlich. Der ausführlichste Fall, der uns in der Praxis begegnet ist, erforderte die Darstellung der gesamten Finanzlage der vergangenen fünf Jahre und die Auflistung aller Mittelgeber, die mehr als 3 Prozent des Gesamtjahresbudgets beigetragen haben. | Der potenzielle Förderpartner kann sich ein ausführliches Bild über die finanzielle Situation und Entwicklung der antragstellenden Organisation machen und nachvollziehen, woher die Organisation Mittel bezieht. |
| Konzept der Wirkungsmessung | eigene Erstellung<br>Wirkungsmessung in Förderprojekten bedeutet, dass man systematisch überprüft, welche konkreten Veränderungen oder Erfolge durch das Projekt erzielt wurden. Dabei wird untersucht, ob die gesetzten Ziele erreicht wurden und welche positiven Effekte für die Zielgruppe oder die Gesellschaft entstanden sind. | Das Konzept ist für Förderpartner besonders wichtig, weil es hilft, den Erfolg eines Projekts transparent und nachvollziehbar zu machen. Eine strukturierte Wirkungsmessung ermöglicht es, den Fortschritt zu überwachen, Stärken und Schwächen zu erkennen und daraus zu lernen. So können Förderpartner sicherstellen, dass ihre Unterstützung wirklich wirkt und zukünftige Projekte noch wirkungsvoller gestaltet werden. |
| M.E.A.L.-Strategie | eigene Erstellung<br>Die M.E.A.L.-Strategie wird häufig im Bereich der Wirkungsmessung und Projektbewertung verwendet, um den Prozess der kontinuierlichen Verbesserung und des Lernens zu strukturieren.<br>**M – Monitoring (Überwachung):** kontinuierliche Beobachtung und Dokumentation des Projektfortschritts<br>**E – Evaluation (Bewertung):** Bewertung der Ergebnisse und Wirkungen des Projekts<br>**A – Analysis (Analyse):** detaillierte Analyse der gesammelten Daten und Erkenntnisse<br>**L – Learning (Lernen):** Ableitung von Erkenntnissen und Verbesserungen für zukünftige Projekte | siehe oben |

| Anhang | Beschaffung/Ressourcen | Grund der Einforderung |
|---|---|---|
| Datenschutz-konzept | eigene Erstellung | Der Datenschutz unterliegt in Deutschland verschiedenen Regelungen und Gesetzen. Der Förderpartner muss sichergehen können, dass Sie diese Regelungen einhalten und ein entsprechendes Konzept vorweisen. |
| Ethikkodex | eigene Erstellung<br><br>Je nach Zweck und Arbeitsgebiet Ihrer Organisation kann es erforderlich sein, einen eigenen Ethikkodex zu formulieren. Dieser hilft Ihnen auch bei der Entscheidung, welche Förderpartner die richtigen für Sie sind. | Für Förderpartner kann es relevant sein, zu verstehen, mit welchen Partnern Sie zusammenarbeiten und auf welcher Grundlage. Wie verhindern Sie Green- oder Whitewashing? Welche Kooperationen schließen Sie aus? |
| Kontoverfügungs-berechtigung | Erstellung durch Kontoinhaber (Vorlagen bei Banken erhältlich)<br><br>Eine Kontoverfügungsberechtigung ist die Erlaubnis für eine Person, ein Bankkonto zu nutzen und darüber zu verfügen. Die Person ist berechtigt, Geld einzuzahlen, abzuheben, Überweisungen zu tätigen oder andere Transaktionen durchzuführen. Diese Berechtigung wird oft durch eine Vollmacht erteilt. | Dies ist ein weiterer Baustein für den Förderpartner, um zu prüfen, ob die antragstellende Person auch berechtigt ist, finanzielle Vereinbarungen einzugehen. |

*Tabelle 1: Anhänge (Quelle: eigene Darstellung)*

Alle genannten Anhänge können in internationalen Projektanträgen auch in englischer Sprache angefordert werden. Einige Förderpartner verlangen die Übersetzung (z. B. der Satzung) durch einen zertifizierten Übersetzer. Für viele andere Dokumente kann die Übersetzung sehr komfortabel über eine Übersetzungs-KI in wenigen Minuten durchgeführt werden. Lassen Sie diese Übersetzungen von jemandem gegenlesen, der über verhandlungssichere Sprachkenntnisse verfügt.

***Zentrale Ablage hilft***

Müssen Sie Dokumente für die Antragsstellung neu erstellen, überarbeiten oder übersetzen, legen Sie die Ergebnisse gut auffindbar und zentral ab. So haben Sie oder Ihre Kollegen diese bei dem nächsten Antrag mit ähnlichen Anforderungen zur Hand und vermeiden doppelte Arbeit.

# Der Förderbescheid

[Herzlichen Glückwunsch!
Sie werden gefördert.]

# 4. Förderbedingungen verstehen

Der Antrag ist gestellt und die Freude ist groß: Ein positiver Zuwendungsbescheid kommt an. Die Förderzusage bestätigt, dass Sie gefördert werden und enthält (meist verteilt auf mehrere Einzeldokumente) die Bedingungen für die Förderung.

Typische Bestandteile einer Förderzusage:

- **Bescheid:** Schriftliche Mitteilung über die Bewilligung der Förderung; er enthält zudem die genaue Fördersumme, den Förderzeitraum sowie zusätzliche Ergänzungen zu den allgemeinen Förderbedingungen.
- **Förderbedingungen:** Die vertraglichen Bedingungen der Förderung; auch wenn diese häufig ähnliche Bestandteile haben, können Förderbedingungen von Fördermittelgeberin zu Fördermittelgeberin variieren.
- **ANBest/Anlagen:** Allgemeine Nebenbestimmungen für Zuwendungen z. B. zur Projektförderung (ANBest-P); neben den jeweiligen Förderbedingungen bspw. für ein Förderprogramm haben viele große Förderpartnerinnen wie Ministerien, aber auch große Stiftungen häufig allgemeine Bedingungen für Förderungen, die für alle Förderungen der Organisation gelten und entsprechend in einer zusätzlichen Nebenbestimmung geregelt sind.

*Keine Angst vor „Juristendeutsch"*

Insbesondere die Förderbedingungen und ANBest sind normalerweise in einem schwer verständlichen „Juristendeutsch" geschrieben. Dennoch ist es wichtig, sie zu lesen und ihre Kerninhalte genau zu verstehen, da sie die Punkte enthalten, die zwingend beachtet oder befolgt werden müssen, um die Fördergelder zu bekommen bzw. nicht zurückzahlen zu müssen. Denn mit Ihrer Unterschrift stimmen Sie dem Bescheid, den Förderbedingungen sowie eventuellen weiteren Anlagen als vertragliche Grundlage der Förderung zu.

Uns ist bewusst, dass diese Dokumente überfordern können. Genau aus diesem Grund widmen wir ihnen ein ganzes Kapitel. Wir haben im Folgenden die wichtigsten inhaltlichen Abschnitte typischer Förderbedingungen sowie ein Glossar mit Formulierungen und Begriffen, die in Förderbedingungen zu finden sind, zusammengestellt. Dies soll Ihnen dabei helfen, Förderbedingungen zielgerichtet lesen und verstehen zu können.

## 4.1 Förderbedingungen oder worauf Sie beim Lesen achten sollten

Zunächst sind Förderbedingungen die Spielregeln der Förderung, denen Sie mit Ihrer Unterschrift zustimmen. Um ein Projekt gut und möglichst frei umsetzen zu können, müssen Sie diese Spielregeln nicht nur kennen, sondern vor allem auch verstehen. Nur so können Sie und Ihr Team die für Sie relevantesten Punkte herausfiltern und diese während der Projektdurchführung im Blick haben. Meist definieren Förderbedingungen Pflichten und Grenzen; gleichzeitig finden Sie hier allerdings auch Ihre Handlungsspielräume und häufig auch Hinweise auf Punkte, die Ihrer Fördermittelgeberin besonders wichtig sind.

*Nutzung von KI*

**Tipp**: KI-Übersetzung in leichte Sprache

Für ein gutes Verständnis von Förderbedingungen kann KI eine große Hilfe sein. Laden Sie die verschiedenen Dokumente mit den Förderbedingungen anonymisiert in eine KI-Anwendung und lassen Sie sich die Texte in einfache oder leichte Sprache übersetzen.

**Zwei Beispiele zur KI:**

1. Beispiel für einen passenden Prompt:

*„Bitte formuliere die folgenden Förderbedingungen in einfacher Sprache, sodass sie Menschen verstehen, die kein Beamtendeutsch können."*

2. Beispiel einer Zusammenfassung von Förderbedingungen mit der KI NotebookLM

Wichtigste Punkte in einfacher Sprache:

- Das Geld ist für ein bestimmtes Projekt gedacht und muss dafür verwendet werden.
- Das Geld muss sparsam ausgegeben werden.
- Belege müssen aufbewahrt werden.
- Es muss ein Bericht über die Verwendung des Geldes erstellt werden.
- Wenn sich etwas ändert, muss das mitgeteilt werden.

Eine solche Übersetzung können Sie sich neben die Förderbedingungen legen – nutzen Sie diese jedoch nicht als einzige Grundlage, sondern lediglich als Verständnishilfe bzw. Gedächtnisstütze, da durch die Vereinfachung schnell relevante Punkte wegfallen können.

Bekommen wir eine Förderzusage, scannen wir als Erstes die Förderbedingungen nach Themenblöcken und schreiben die für die Umsetzung wichtigsten Punkte heraus. Dabei schauen wir immer auf dieselben inhaltlichen Einheiten, die auch die Struktur dieses Kapitels bilden. Jedes Unterkapitel besteht aus einer Definition, Hintergrundinformationen und den wichtigsten Punkten, die wir uns direkt aus den Förderbedingungen herausschreiben. Wenn Sie diesem Prinzip folgen, können Sie ein Verständnis für die Logik klassischer Förderbedingungen entwickeln und diese gezielt nach Ihren Bedarfen filtern.

**Checkliste zum Projektstart:**

- **Wichtigste Bedingungen direkt rausschreiben, Fristen direkt in den (geteilten) Kalender**

  Ebenso einfach wie schnell übergangen: Nehmen Sie sich bei Erhalt der Zusage die Zeit, die wichtigsten Punkte sowie Fristen so festzuhalten, dass Sie diese nicht im Kopf haben müssen und alle Beteiligten einen Zugang zu diesen Informationen haben. Eine Vorlage für einen eigenen Projektplan, in dem Sie alles Wichtige notieren, finden Sie in Kapitel 5.1.

- **Fehler im Bescheid schriftlich korrigieren lassen**

  Es kann vorkommen, dass der Bescheid fehlerhaft ist bzw. Inhalte vom Antrag abweichen. Der Bescheid sollte daher immer genau geprüft werden, bevor eine Fördervereinbarung unterzeichnet wird. Fallen Ihnen Fehler auf, bitten Sie Ihre Förderpartnerin, diese zu korrigieren.

- **Alle Dokumente gesammelt (digital) ablegen**

  Das klingt zunächst banal – aus Erfahrung sucht man im Lauf des Projekts oder bei Projektabschluss jedoch länger nach den Dokumenten, als es dauert, diese bei Erhalt direkt (für alle relevanten Personen nachvollziehbar und zugänglich) abzulegen.

- **Für alle Fragen, die Sie nicht mit den Förderbedingungen beantworten können:**

  Einfach die Förderpartnerin fragen (sammeln und gut recherchieren).

### *4.1.1 Die Eckpunkte Ihrer Förderung: Geld, Zeit und Zweck*

Die wichtigsten Rahmenbedingungen einer Förderung finden sich meist direkt im Bescheid. Sie beziehen sich auf die Punkte „Geld" (Wie hoch ist die Förderung?), „Zeit" (In welchem Zeitraum kann die Projektumsetzung stattfinden?) und „Zweck" (Welche Maßnahmen und welche Ziele müssen mit der Förderung umgesetzt werden?). Zugrunde liegt hierfür meist der von Ihnen eingereichte Antrag. Nichtsdestotrotz sollten Sie die Förderzusage mit Ihrem ursprünglichen Antrag inklusive Finanzplan abgleichen. Denn die Förderung kann hiervon abweichen und ein Bescheid kann Fehler enthalten.

***Wie viel Geld können Sie bekommen?***

Ihr Förderbescheid enthält zunächst die **Fördersumme** und häufig zusätzlich die **förderfähigen Gesamtausgaben** – also alle Ausgaben Ihres Projekts, inklusive Eigenanteil und Förderung Dritter, die als Teil der Förderung berücksichtigt werden können. Vergleichen Sie diese Zahlen mit Ihrem Antrag und überprüfen Sie bei Abweichungen, ob diese etwas an der Projektumsetzung ändern.

An dieser Stelle sollte auch der Blick in den angehängten **Finanzplan** nicht fehlen. Gerade wenn eine Förderung lediglich in Teilen zugesagt wird, sollten Sie überprüfen, ob der zugrunde liegende Finanzplan weiterhin für die Umsetzung realistisch ist, bevor Sie die Fördervereinbarung unterschreiben. Da dieser die Beurteilungsgrundlage dafür ist, ob eine Ausgabe gefördert werden kann, ist dieser Punkt besonders wichtig.

Ebenso sollten Sie überprüfen, ob die angegebenen **Eigenmittel und Förderungen Dritter** weiterhin der Projektrealität entsprechen. Hierbei sollten Sie insbesondere überprüfen, welche Mittel Sie einbringen dürfen. Beispielsweise können bei einer Bundesförderung andere Bundesmittel als Eigenmittel ausgeschlossen werden.

*In welchem Zeitrahmen darf Ihr Projekt stattfinden?*

Im Bewilligungsbescheid finden Sie **drei wichtige Daten bzw. Zeiträume**, die Sie sich notieren sollten. Der erste ist der **Bewilligungszeitraum**. Dieser legt normalerweise den Zeitraum fest, innerhalb dessen Sie die bewilligten Mittel abrufen müssen. Sie können also weder Mittel vor noch nach Ablauf dieses Zeitraums abrufen. Nicht abgerufene Mittel verfallen, reduzieren also die Fördersumme. Viele Förderpartnerinnen erkennen auch Kosten, die vor oder nach dem Bewilligungszeitraum entstehen, nicht an. Wissen Sie bereits vor Projektbeginn, dass projektrelevante Kosten schon vor einem möglichen Bewilligungszeitraum anfangen können, sprechen Sie mit der Fördermittelgeberin über einen vorzeitigen Maßnahmenbeginn. Zeichnet sich im Lauf der Projektarbeit ab, dass Kosten nach Ablauf des Bewilligungszeitraums anfallen werden, beantragen Sie eine Verlängerung des Bewilligungszeitraums. Beides kann funktionieren – für beides gilt jedoch auch, dass der Förderer dies nur dann möglich machen kann, wenn Sie im Vorhinein darüber sprechen. Ein Bewilligungszeitraum kann nicht nach Ablauf verlängert werden, ein vorzeitiger Maßnahmenbeginn nicht gewährt werden, wenn Ausgaben bereits getätigt wurden.

**Achtung:** Es gibt Kosten, beispielsweise die Steuern für Personalkosten, die mit einem zeitlichen Abstand kommen. Unter Umständen kann die Steuer des letzten Projektmonats nicht mehr anerkannt werden.

Den Start des Bewilligungszeitraums bildet meist das **Datum des Förderbescheids**. Da Sie bis zum Erhalt dieses Bescheids keine rechtssichere Förderzusage haben – auch nicht, wenn Ihnen auf irgendeinem anderen Weg eine Förderung zugesagt wurde – sollten Sie bis hierher nicht mit Ihrem Projekt begonnen haben. Eine Ausnahme besteht dann, wenn Sie einen vorzeitigen Maßnahmenbeginn beantragt haben und dieser bestätigt wurde.

Der dritte wichtige Zeitraum ist schließlich der **Durchführungszeitraum, die Projektlaufzeit** oder **der Projektzeitraum**. Alle diese Bezeichnungen beschreiben den Zeitraum, innerhalb dessen Ihr Projekt durchgeführt werden muss. Die Projektlaufzeit liegt zumeist innerhalb des Bewilligungszeitraums. Es kann jedoch, wie oben beschrieben, vorkommen, dass ihr Projekt bereits vorher begonnen hat (vorzeitiger Maßnahmenbeginn) oder über den Bewilligungszeitraum hinausgeht (möglich bei mehrjährigen Projekten).

Diese beiden Zeiträume sind vor allem für Ihre Maßnahmenplanung, die Planung der Mittelverwendung sowie die der Mittelabrufe wichtig:

- Wann muss ich welche Maßnahme planen, sodass sie in die Projektlaufzeit fällt und somit dem Projekt angerechnet werden kann?
- Wann fallen welche Kosten an und können diese also durch die Förderung gedeckt werden?
- Ab wann darf ich (Arbeits-)Verträge abschließen und Angebote einholen?

**Beispiel:**

Ihr Projekt muss zwischen dem 1. Februar 2026 und dem 28. Februar 2027 durchgeführt werden (Projektlaufzeit). Die Förderung kann zwischen dem 1. Februar 2026 und dem 31. Dezember 2026 ausgezahlt werden (Bewilligungszeitraum). Der letzte Abruf des Geldes muss bis zum 1. Dezember 2026 erfolgen und alle noch bis zum Ende Ihres Projekts anfallenden Kosten enthalten.

*Welchen Zweck muss Ihr Projekt erfüllen?*

Der Zuwendungsbescheid enthält bei einer zweckgebundenen Förderung immer auch den genauen **Verwendungszweck**, für den die gesamte Fördersumme eingesetzt werden muss. Je nach Bescheid kann diese einzelne Maßnahmen aus Ihrem Antrag enthalten oder lediglich in Form des Projekttitels mit Bezug auf Ihren Antrag beschrieben sein.

Notieren Sie sich in jedem Fall sowohl die **Projektnummer** (auch Förderkennzeichen) als auch den **Projekttitel** für jede zukünftige Kommunikation mit der Förderpartnerin.

*Wie gehen Sie mit fremdem Geld um?*

*„Es sind halt öffentliche Gelder; es ist nichts Geschenktes, mit dem ihr hier umgeht. Sondern es sind Steuermittel, die mit sehr engen Grenzen vergeben werden. Und die Überschrift, die da überall drübersteht, ist: ‚Notwendigkeit und Wirtschaftlichkeit'. Das heißt in der Beratung von Vereinen z. B. ganz banal: Wenn ihr durch die Metro geht und Ketchup für die Ferienfreizeit kauft, dann kann ich den Impuls, sicherheitshalber einfach mehr zu kaufen, total verstehen. Aber macht euch doch bitte Gedanken, ob ihr wirklich mehr braucht oder ob es nicht sinnvoller wäre, sparsam einzukaufen und im Zweifelsfall lieber noch mal zu gehen."*

*Harald Maas, Partnerschaft für Demokratie der Stadt Göppingen*

### *4.1.2 Die Grundsätze: Wirtschaftlichkeit, Sparsamkeit, Notwendigkeit*

„Die Zuwendung ist wirtschaftlich und sparsam zu verwenden.", „Alle Einnahmen, die im Zusammenhang mit dem Projekt stehen (z. B. Spenden), müssen auch für dieses Projekt verwendet werden.", „Im Verwendungsnachweis ist zu bestätigen, dass die Ausgaben notwendig waren, dass wirtschaftlich und sparsam verfahren worden ist und die Angaben mit den Büchern und ggf. den Belegen übereinstimmen.": An gleich mehreren Stellen finden Sie in Förderrichtlinien Hinweise, die die Stichworte „wirtschaftlich", „sparsam" und „notwendig" beinhalten. Sie legen eine grundlegende Haltung bzgl. der Verausgabung von Fördermitteln fest und sind als solche nicht direkt messbar. Das bedeutet: Diese Grundsätze können im konkreten Fall sehr unterschiedlich bewertet werden. Umso wichtiger ist es, dass Sie sie im Rahmen der Projektumsetzung mit bestem Gewissen beachten. Fragen Sie sich während der Projektumsetzung regelmäßig, ob Sie die Fördermittel wirklich ausschließlich für notwendige Ausgaben und sparsam verwenden. Im Fall von Nachfragen müssen Sie jede einzelne Ausgabe verargumentieren können – im besten Fall kommen jedoch gar nicht erst kritische Detailfragen auf. Und hierfür hilft Ihnen tatsächlich eine gute Förderkommunikation und eine tiefe Vertrauensbasis (siehe Kapitel 2.2).

*„Wir schulen mittlerweile die Leute generell in Mittelverwendung – dass man auf die Sparsamkeit zu achten hat, dass Belege da sind und gewisse Ausgaben nicht getätigt werden dürfen, sodass man am Ende etwas Vernünftiges bekommt, das man für die Buchhaltung benutzen kann."*

*Jens Busch, climb*

Wonach schauen wir nun diesbezüglich im Bescheid? Ihre Fördermittelgeberin wird sehr sicher einige Kontrollmaßnahmen nutzen, um die Grundsätze von Wirtschaftlichkeit, Sparsamkeit und Notwendigkeit überprüfen zu können. Dazu zählen Vorgaben zu Vergabeverfahren, Vorlagen und Vorgaben zur Belegführung sowie zum zahlenmäßigen Nachweis und häufig auch die bewusste Begrenzung der Fördermittel, die Sie abrufen dürfen.

*Mittelabrufe: Wie viel Geld zu welchem Zeitpunkt?*

Manche Förderpartnerinnen überweisen die gesamte Fördersumme mit dem Bescheid im Vorhinein. In diesem Fall sollten Sie darauf achten, dass Sie eventuell nicht verausgabte Mittel innerhalb der angegebenen **Frist** nach Projektende zurückzahlen (siehe Kapitel 6.2). Ebenso kann es sein, dass die Fördersumme erst nach Projektablauf gezahlt wird. Hier wird wahrscheinlich die Frage nach Ihrer Liquidität im Vordergrund stehen.

Meist finden Sie im Bescheid jedoch Vorgaben, **wie häufig** und **für welche Kosten** Sie **Mittel abrufen** dürfen. Grundsätzlich müssen Sie bei fast allen Förderungen zunächst den mit dem Bescheid übermittelten **Rechtsmittelverzicht** unterschreiben, bevor Sie Mittel abrufen können. Überprüfen Sie, ob die Förderbedingungen einen bestimmten **Rhythmus** oder eine maximale **Anzahl** an Mittelabrufen vorgeben und ob Auflagen zur **zeitnahen Verwendung** an einen Mittelabruf geknüpft sind. Diese geben vor, dass die abgerufenen Mittel in einem festgelegten Zeitraum (häufig sechs Wochen oder zwei Monate) nach Mittelabruf ausgegeben werden müssen. Bereits ausgegebene, also vorgestreckte Mittel können Sie in diesen Fällen bedenkenlos mit abrufen. Suchen Sie zudem nach Angaben für einen **letztmöglichen Mittelabruf**. Es kann sowohl sein, dass ein gewisser Prozentsatz der Fördersumme bis nach einer erfolgreichen Abschlussprüfung zurückgehalten wird, als auch, dass alle restlichen Projektmittel bis zu einem bestimmten Datum abgerufen sein müssen.

Wir empfehlen Ihnen, sich diese Auflagen herauszuschreiben und sich die Termine für die Mittelabrufe für die gesamte Projektlaufzeit mit Erinnerungen in Ihrem (geteilten) Kalender zu vermerken. Legen Sie zudem ein eventuell zugesendetes Formular so ab, dass Sie oder Ihre Teammitglieder dieses wiederfinden.

*Mitteilungs-/Genehmigungspflichten*

Wann sollten Sie Ihre Fördererin informieren? Die Projektdurchführung wird sich immer mehr oder weniger von Ihrem ursprünglichen, theoretischen Antrag unterscheiden. Das ist Ihrer Förderpartnerin ebenso bewusst wie Ihnen. Entsprechend finden Sie in den Förderbedingungen auch Orientierungspunkte, die Ihnen einen Rahmen geben, wann Sie Ihre Förderpartnerin kontaktieren müssen und wann nicht. Die in Ihren Förderbedingungen beschriebenen Grenzen gelten unabhängig von Ihrem individuellen Kontakt zur Förderpartnerin und sie beziehen sich insbesondere auf Veränderungen in den Bereichen Finanzplanung sowie Zweckumsetzung. Die Stichworte „Abweichung", „Überschreitung" oder „Mitteilungspflicht" sind hierfür gute Eingaben für eine gezielte Suche in Ihren Förderbedingungen.

*Die Finanzen Ihres Projekts ändern sich*

Ob eine absehbare Änderung der Projektfinanzen direkt mit der Förderpartnerin besprochen werden muss, hängt insbesondere davon ab, wie groß die Abweichung voraussichtlich sein wird. Schauen Sie zunächst in Ihren Förderbedingungen nach einem Hinweis darauf, ob einzelne Kategorien Ihres Finanzplans bis **zu einem gewissen Prozentsatz abweichen dürfen**.

**Beispiel:**

„Die Einzelansätze dürfen um bis zu 20 vom Hundert überschritten werden, soweit die Überschreitung durch entsprechende Einsparungen bei anderen Einzelansätzen ausgeglichen werden kann." (ANBest Bund)

Fallen die Abweichungen vom Finanzplan unter eine solche, in den Förderbedingungen erwähnte Grenze und ändern sich die Gesamtkosten Ihres Projekts nicht, so spricht man von kostenneutralen Änderungen. Diese müssen Sie nicht mit Ihrer Fördermittelgeberin im Einzelnen besprechen.

Weitere Fälle, für die typischerweise eine Mitteilungs- oder sogar Genehmigungspflicht gilt, sind:

- Sie konnten **weitere Förderpartnerinnen** gewinnen.

  Der Grund hierhinter ist, dass zusätzliche Einnahmen je nach Förderart auch die Fördersumme, die Ihre Förderpartnerin zahlt, verändern können und ebenso, dass manche Förderpartnerinnen bestimmte Förder- oder Einnahmearten ausschließen.

- Sie konnten bereits ausgezahlte Beträge nicht zeitnah (innerhalb der in den Bedingungen angegebenen Frist) verwenden.

  Dies hat in der Regel zur Folge, dass Sie den nicht verwendeten Betrag zurückzahlen müssen. Um einen solchen Mehraufwand zu vermeiden, raten wir dazu, soweit dies finanziell möglich ist, lediglich sicher anfallende Ausgaben wie Personalkosten oder bereits verausgabte Kosten in einen Mittelabruf einzuberechnen (siehe auch Kapitel 5.3).

*Ihre Organisation ist insolvent*

Die Durchführung findet nicht wie geplant statt, der Zweck wird nicht oder anders erfüllt:

Sie müssen laut der meisten Förderbedingungen auch dann mit Ihrer Förderpartnerin Kontakt aufnehmen, wenn der Zweck der Förderung nicht erreicht werden kann oder ein anderer Zweck erreicht wird. Ein sehr anschauliches Beispiel dafür sind Veranstaltungen, die aufgrund zu geringer Anmeldezahlen nicht stattfinden können.

*Belege: Welche Informationen brauchen Sie am Ende?*

Das ist eine Frage, die Sie sich bereits vor Projektstart stellen sollten. Denn rückwirkend Informationen zusammenzusuchen, ist garantiert aufwendiger, als diese von Beginn an richtig und vollständig abzulegen. In den Förderbedingungen sollten Sie hierfür nach folgenden Vorgaben zur Belegführung suchen: Gibt es **Vorgaben zu den Belegen** selbst? Einige Förderer wünschen bspw. Zahlungsnachweise, also Kontobelege, zusätzlich zu den Belegen selbst. Welche **Angaben** müssen **auf den Belegen** zu finden sein? Gibt es ein **Formular oder eine Vorlage für den zahlenmäßigen Nachweis,** das nach Abschluss des Projekts als zahlenmäßiger Nachweis eingereicht werden muss? Es lohnt sich, die Übersicht der Projektausgaben direkt in der Logik anzulegen, die hinterher als Teil des Projektabschlusses gefordert wird.

### *4.1.3 Besonderheiten zu Personalkosten*

Grundsätzlich sollten bereits mit Antragstellung die Förderbedingungen für Personalkosten geklärt sein (siehe Kapitel 1.2, S. 17ff.): Werden überhaupt Personalkosten gefördert? Gilt ein gewisser Prozentsatz der Gesamtkosten des Projekts, die maximal für Personalkosten verwendet werden dürfen? Gibt es Vorgaben bzgl. der Vergütung? Dennoch ist jetzt, meist viele Monate später und vor Projektstart, genau der richtige Zeitpunkt, um die Förderbedingungen sowie den eigenen Finanzplan für das Vorhaben auf die Rahmenbedingungen und die Vorgaben zu den Personalkosten hin zu überprüfen.

Diese sind meist über die Dokumente verteilt und wir empfehlen, zum gezielten Lesen die Suchfunktion mit dem Stichwort „Personal" zu nutzen.

**Worauf wir beim Lesen achten: Welche Gehälter dürfen wir zahlen?**

***Besserstellungsverbot***

Stichwort Besserstellungsverbot: Bei öffentlichen Förderungen dürfen die Mitarbeitenden im Projekt meist nicht mehr verdienen als Angestellte im öffentlichen Dienst. Das Gehalt der Projektmitarbeitenden darf also die jeweils passende Tarifgruppe nicht überschreiten. Es können auch konkrete Gehaltsgruppen oder Pauschalen je nach Tätigkeit vorgegeben sein.

**Beispiel:**

Dürfen aus der Zuwendung auch Personalausgaben oder sächliche Verwaltungsausgaben geleistet werden und werden die Gesamtausgaben des Zuwendungsempfängers überwiegend aus Zuwendungen der öffentlichen Hand bestritten, darf der Zuwendungsempfänger seine Beschäftigten nicht besserstellen als vergleichbare Bundesbedienstete. Höhere Entgelte als nach dem Tarifvertrag für den öffentlichen Dienst (TVöD) sowie sonstige über- und außertarifliche Leistungen dürfen nicht gewährt werden.

**Welche weiteren Kosten im Zusammenhang mit Personal können übernommen werden?**

In einigen Förderbedingungen finden sich Angaben zu Pauschalen, die pro Personalstelle angerechnet werden können. Es kann auch sein, dass bestimmte Lohnbestandteile ausgeschlossen werden.

**Welche Personen dürfen wir einstellen? Einstellungs-/Einsatzkriterien**

Insbesondere bei öffentlichen Mittelgebern kann es Vorgaben geben, wenn Sie im Rahmen des Projekts einstellen dürfen. Mögliche Vorgaben sind: Es dürfen nur Personen aus Projektmitteln bezahlt werden, deren Stunden für das Projekt aufgestockt werden, deren Aufgaben durch eine andere Person übernommen oder die neu eingestellt wurden. Hintergrund ist, dass mit Projektmitteln selten bereits zuvor bestehende Aufgaben bezahlt werden dürfen. Diese Bedingung findet sich häufig nicht direkt in den Förderbedingungen. Es lohnt sich, hier noch einmal nachzufragen.

**Welche Belege müssen für Personalkosten abgelegt werden?**

Insbesondere Besonderheiten bzgl. der Verträge (beinhaltet auch die Einstellungskriterien) sowie Vorgaben bzgl. Lohnjournalen oder Stundenkonten sollten vor Projektstart geklärt werden. Diese finden sich jedoch seltener direkt in den Förderbedingungen, können aber mit der Fördermittelgeberin besprochen werden.

**Ab wann dürfen wir Mittel für Personalausgaben abrufen?**

Stichwort Sperrung: Mittel können bis zur Einstellung der jeweiligen Stelle gesperrt sein. In diesen Fällen können die Mittel nicht vorher abgerufen werden.

### *4.1.4 Honorare und Sachmittel*

Fast jedes geförderte Projekt beinhaltet Sach- und Honorarmittel. Förderbedingungen in diesem Bereich werden meist mit steigendem Anschaffungs- bzw. Auftragswert komplexer. Beim Lesen der Förderbedingungen zu dieser Kostenart geht unser erster Blick somit immer Richtung Grenzwerte, der zweite schließlich zu den jeweiligen Auflagen: Ab welchem Anschaffungswert müssen wir welche Auflagen beachten? Diese Auflagen bereits vor Projektstart zu klären und ins Team zu kommunizieren, ist besonders essenziell, da eine rückwirkende Beschaffung von Angeboten oder einer Preisrecherche nicht möglich ist.

Die sogenannten Vergaberichtlinien sind direkt an den Wunsch nach Sparsamkeit und Wirtschaftlichkeit geknüpft. Vergabeverfahren sollen den Entscheidungsweg hin zu einer Ausgabe für die Fördererin transparent und somit nachvollziehbar machen.

Da wir in diesem Buch vorrangig kleine bis mittelgroße Projektförderungen referenzieren, werden wir im Folgenden nicht auf die Vergabe- und Vertragsordnung für Bauleistungen sowie auch nicht detailliert auf die unterschiedlichen Ausschreibungsvarianten eingehen.

*Ab wann braucht es ein Vergabeverfahren?*

Bis zu welchem Kostenpunkt Sie Dienstleistungen und Dinge einfach einkaufen dürfen und ab wann es ein Vergabeverfahren, also ein besonderes Vorgehen braucht, sollten Sie unter dem Stichwort „Vergabe" finden – meist in den Allgemeinen Nebenbestimmungen. Achten Sie zunächst darauf, ob es eine **Gesamtförderungsgrenze** für Vergaberegelungen gibt. Es kommt vor, dass sich die Vorgaben nach Fördersumme unterscheiden. Dann gelten bspw. für Projekte bis zu einer Fördersumme von 100.000 Euro andere Vorgaben wie für Projekte, die mit mehr als 100.000 Euro gefördert werden. Notieren Sie sich anschließend die **Grenzwerte** für die unterschiedlichen Vergabeauflagen, also ab welcher Kostenhöhe es welche Vorgaben gibt und notieren Sie sich diejenigen **Auflagen**, die im Rahmen Ihres Projekts wahrscheinlich relevant sind.

**Beispiel:**

Für Aufträge bis zu 5.000 Euro können Angebote durch Preisrecherche aus dem Internet genutzt werden. Es muss aber dokumentiert werden, dass man die Preise verglichen hat. Für Aufträge über 5.000 Euro müssen mindestens drei Angebote eingeholt und dokumentiert werden.

Ein Beispiel, wie diese Preisvergleiche aussehen können, finden Sie in Kapitel 5 S. 111).

**Ab wann müssen gekaufte Gegenstände inventarisiert werden?**

Es kann sein, dass Sie für das Projekt angeschaffte Gegenstände inventarisieren müssen. Diese Inventarisierungspflicht trifft meist auf Gegenstände ab einem vorgegebenen **Grenzwert** zu. Diesen sollten Sie sich notieren, falls Anschaffungen mit einem entsprechenden Wert wahrscheinlich sind. *Beispiel*: „Der Zuwendungsempfänger hat die zur Erfüllung des Zuwendungszwecks beschafften Gegenstände, deren Anschaffungs- oder Herstellungswert 800 Euro (ohne Umsatzsteuer) übersteigt, zu inventarisieren."

**Welche Honorare dürfen wir zahlen?**

Einige Förderer haben **Höchstsätze** oder **Pauschalen**, die im Rahmen von Honorartätigkeiten gefördert werden. Notieren Sie sich diese für Verhandlungen bereits von vornherein. Zudem können für Honorare eigene Grenzen für Vergabeverfahren definiert sein.

Achten Sie grundsätzlich bei Anschaffungen, Angeboten und Auftragsvergaben darauf, ob die angegebenen Preise mit oder ohne eine noch hinzukommende Mehrwertsteuer berechnet sind. Geben Sie bei möglichen Preisverhandlungen direkt an, falls es eine feste finanzielle Grenze gibt.

### *4.1.5 Was ist der Förderpartnerin sonst noch wichtig?*

Neben Mittelverwendung, Zweckerfüllung und Berichten können die Förderbedingungen auch Punkte enthalten, die der Fördermittelgeberin zusätzlich und aus unterschiedlichsten Gründen wichtig sind. Hier gibt es in den oft standardisierten Dokumenten die Chance, die Förderpartnerin besser kennenzulernen. In jedem Fall schadet es nicht, zu verstehen, worauf diese abseits der Standards achtet, und diese Informationen auch an die jeweiligen Verantwortlichen weiterzugeben (siehe Kapitel 5, S. 101f. Solche zusätzlichen Bestimmungen finden sich oft in den „Sonstigen Nebenbestimmungen".

***Öffentlichkeitsarbeit/ Kommunikation***

Vielen Förderpartnerinnen ist es wichtig, im Rahmen der Projektumsetzung öffentlichkeitswirksam sichtbar zu werden. In diesem Fall findet man in den Bedingungen meist die klare Forderung zur Öffentlichkeitsarbeit im Rahmen des Projekts, zur Nennung des Förderers und zur Verwendung des Logos. Hier kann es Vorgaben darüber geben, in welchem Kontext, welchen Medien, an welcher Position und mit welchem Hintergrund – aber auch zum Wortlaut und zur Pflicht der (vorherigen) Absprache und Freigabe durch den Förderer.

**Achtung:** Verlinken Sie Logos in der digitalen Darstellung nie mit der Webseite der Förderpartnerin. Dies könnte als Sponsoring (Werbung für das Angebot der Förderparterin) ausgelegt werden.

***Gleichstellung/ Barrierefreiheit***

Stellt die fördernde Organisation an sich selbst bestimmte Ansprüche wie die nach gendergerechter Sprache, Barrierefreiheit oder Ähnlichem, so können Auflagen hierzu mittels der Förderbedingungen auch an die geförderten Projekte gestellt werden. Hier ist für Sie an dieser Stelle wichtig, zu prüfen, ob Sie diese im Rahmen Ihres Projekts realistisch umsetzen können.

*Nutzungsrechte*

Förderpartnerinnen behalten sich oft vor, die im Rahmen der Projektarbeit entstandenen Ergebnisse selbst zu nutzen. Sie räumen ihnen mit Ihrer Einwilligung in die Förderbedingungen eventuell gleichzeitig Nutzungsrechte ein und sind möglicherweise auch dazu verpflichtet, entsprechende Nutzungsrechte von Dritten einzuholen, die bei der Erstellung von Ergebnissen beteiligt sind.

*Qualitätssicherung und Evaluation*

Die meisten Förderungen implizieren den Anspruch einer Qualitätssicherung und Evaluation – häufig sind diese Themen bereits Teil des Antrags. Wie genau sie jedoch im Rahmen des Projekts umgesetzt und dokumentiert werden müssen, kann von Förderung zu Förderung stark variieren. Es gibt Förderpartnerinnen, die die Form und den Umfang vorgeben. In diesen Fällen finden Sie häufig entsprechende Hinweise in den Förderbedingungen.

### *4.1.6 Was muss am Ende gemacht werden?*

Ein wichtiger Teil der gängigen Förderbedingungen bezieht sich auf die Abschlussdokumentation Ihres Projekts. Der Projektabschluss ist der Moment, an dem die Fördermittelgeberin die Projektergebnisse sowie die Verwendung der Mittel mit Bezug auf den ursprünglichen Antrag ausführlich überprüft. Für die Fördererin ist der sogenannte „Verwendungsnachweis" das wichtigste Kontrolltool. Für den Geförderten ist es die wichtigste Prüfung.

Auch wenn der sogenannte „Nachweis der Verwendung" oder „Verwendungsnachweis" erst nach dem Projektabschluss fällig wird, sollten Sie sich bereits beim ersten Lesen der Förderbedingungen folgende Punkte vermerken:

*Bis wann muss der Verwendungsnachweis abgegeben werden?*

- Für Ihre Projektplanung und insbesondere, damit Sie den Abschlussbericht nicht ohne das Projektteam erstellen müssen: Schreiben Sie sich die **Abgabefrist des Verwendungsnachweises** als Termin in Ihren Kalender.

*Werden Zwischennachweise gefordert?*

- Bei längeren Projekten kann es sein, dass Zwischennachweise eingefordert werden. Durchsuchen Sie Ihre Dokumente am besten nach den Stichworten „Zwischennachweis" oder „Bericht" und vermerken Sie auch hierfür **Fristen** und **Umfang**.

*Was umfasst der Verwendungsnachweis?*

- Wie umfangreich der Verwendungsnachweis sein muss, kann sehr unterschiedlich sein. Meist will die Förderpartnerin wissen: Was wurde genau mit dem Geld gemacht und hat alles so geklappt, wie es im Antrag beschrieben war? Welche Wirkung hat meine Investition? Wofür genau wurde das Geld ausgegeben? Ist die Finanzplanung aufgegangen oder haben sich Änderungen ergeben? Ist noch Geld übrig? Zumeist werden ein inhaltlicher Sachbericht und ein zahlenmäßiger Nachweis gefordert. In den Förderbedingungen finden Sie sowohl einen Hinweis auf die **geforderten Bestandteile** als auch meist Hinweise auf die gewünschte **Form**. Gibt es **Vorlagen** oder eine vorgegebene Struktur, so speichern Sie diese bereits jetzt ab, damit das Projektteam bereits unterjährig passend dokumentieren kann.
- Wird für den Sachbericht ein Vergleich zu den im Antrag formulierten Zielen verlangt, legen Sie diesen Abgleich bereits jetzt in Ihren Dokumentationsvorlagen an.

- Für den Nachweis der Zahlen hat es sich bewährt, zumindest die vorgegebene Logik für das Projektcontrolling, im besten Fall sogar das vorgegebene Formular, bereits ab Projektstart zu nutzen. Überprüfen Sie hier auch: Welche Angaben werden zu den Belegen benötigt? Müssen Belege unaufgefordert eingereicht werden oder werden diese lediglich auf Nachfrage vorgelegt? Wird eine interne Rechnungsprüfung verlangt?
- Sollen Ehrenamtsstunden in Form von unterschriebenen Listen nachgewiesen werden? Ist eine Übersicht von Presseartikeln zum Projekt gewünscht? Werden zu durchgeführten Veranstaltungen Teilnehmerlisten verlangt? Oder braucht es bestimmte Einverständniserklärungen? All diese Punkte werden zwar erst im Abschlussbericht vorgelegt, sie müssen jedoch während des Projekts gesammelt und abgelegt werden.

*Gibt es weitere Nachweise, die gefordert werden?*

**TIPP:** Grundsätzlich behalten sich fast alle fördernden Organisationen vor, Ihre Bücher zu prüfen und damit auch Einsicht in Ihre Belegführung zu bekommen. Entsprechend raten wir selbst bei Förderungen über Pauschalen: Achten Sie darauf, dass alle Ausgaben belegbar sind! Alle Ausgaben, die dem Projekt zugeordnet werden, dürfen zudem in keinem Fall einem anderen Projekt zugeordnet sein.

## 4.2 Förderbedingungswörterbuch: De minimis – was?

„Juristendeutsch" in Förderbedingungen ist eine Sprache für sich. Viele Fremdwörter und vor allem Sätze, die sehr umständlich geschrieben sind, versuchen, alle Eventualitäten ein- bzw. auszuschließen. Sie müssen zudem für die unterschiedlichsten Projektvorhaben und Fördersituationen passen. Und so kommen wirklich beeindruckende Sätze zustande.

Dabei können selbst einzelne Begriffe einen Satz unlesbar machen – weswegen wir an dieser Stelle die gängigsten Wörter in diesem Zusammenhang gesammelt und beschrieben haben.

*ANBest / Allgemeine Nebenbestimmungen*

Bei öffentlichen Projektförderungen hängen die ANBest-P, die Allgemeinen Nebenbestimmungen für Zuwendungen zur Projektförderung, dem Bescheid an. In diesen sind allgemeine Bestimmungen zu finden. Die Allgemeinen Nebenbestimmungen werden oft durch spezifische Vorgaben im Bescheid ergänzt.

*Änderungsantrag*

Ändert sich am Sachverhalt der Förderung etwas Wichtiges, kann die Förderpartnerin einen Änderungsantrag fordern. Wichtig sind im Kontext von Förderungen meist größere Änderungen der Finanzplanung, Änderungen in Bezug auf den Zweck oder die Zweckerfüllung sowie die geplante Projektlaufzeit.

*Anschlussfinanzierung*

Anschlussfinanzierung beschreibt eine Finanzierung, mit der ein Projekt nach der festgeschriebenen Förderlaufzeit fortgesetzt werden oder ein neues Projekt die bisherigen Maßnahmen weiterführen kann. Eine Anschlussfinanzierung ist durch verschiedene Finanzierungsformen möglich: eine neue Projektförderung, die Verlängerung der laufenden Projektförderung oder eine Regelfinanzierung. Ob eine Anschlussfinanzierung möglich ist, hängt vom jeweiligen Projekt und der Fördermittelgeberin ab.

*Anteilsfinanzierung*

Eine Finanzierung, die einen Teil der benötigten Kosten, also der Gesamtkosten, deckt, wird Anteilsfinanzierung genannt. Meist handelt es sich um einen festgelegten prozentualen Anteil. Dies bedeutet, dass, wenn die Gesamtkosten des Projekts weniger werden, auch die anteilige Förderung sinkt. Steigen die Kosten des Projekts, kann die einmal zugesagte Fördersumme jedoch nicht einfach erhöht werden.

**Beispiel:**

Ihr Förderer erkennt die mit 3.000 Euro kalkulierten Kosten Ihres Projekts als förderfähige Gesamtkosten an und sagt Ihnen eine Anteilsfinanzierung von 10 Prozent zu. Sie bekommen somit einen Zuschuss in Höhe von 300 Euro.

*Anforderungsverfahren*

Wenn Sie Ihre zugesagten Fördermittel bei der fördernden Organisation nach bestimmten Vorgaben abrufen müssen, dann ist dies ein Anforderungsverfahren. Um Gelder überwiesen zu bekommen, müssen Sie meist einen formalen Mittelabruf bei der Förderpartnerin einreichen. Wie oft Sie auf diese Weise wie viel Geld abrufen dürfen, ist in Ihren Förderbedingungen vorgegeben.

**Beispiel:**

„Die Zuwendung darf nur insoweit und nicht eher angefordert werden, als sie alsbald nach der Auszahlung für fällige Zahlungen benötigt wird." Das bedeutet übersetzt: Fordern Sie nur so viel Geld an, wie Sie im vorgegebenen Zeitraum (häufig sechs Wochen) auch ausgeben werden.

*Aufbewahrungsfrist*

Die Aufbewahrungsfrist gibt an, wie lange Sie die Originalbelege aufheben müssen, nachdem Sie den Verwendungsnachweis abgegeben haben. Gesetzlich ist dafür eine Frist von fünf Jahren vorgegeben. Es kann sein, dass Fördermittelgeber eine davon abweichende Vorgabe in den Förderbedingungen machen.

*Besserstellungsverbot*

Bei öffentlichen Förderungen gilt häufig das sogenannte Besserstellungsverbot. Dies stellt sicher, dass diejenigen, die Sie in Ihrem Projekt anstellen, nicht mehr verdienen als vergleichbare Landesangestellte. In Ihrer Projektpraxis kann dies bedeuten, dass Sie Ihre Projektmitarbeitenden maximal entsprechend den öffentlichen Tarifen bezahlen können – ein wichtiger Punkt für Ihre Finanz- und Personalplanung.

*Bewilligungszeitraum*

Dieser beschreibt den Zeitraum, in dem Sie die Fördermittel Ihres Projekts abrufen müssen. Häufig liegt die Projektlaufzeit innerhalb des Bewilligungszeitraums. Es gibt jedoch auch Fälle, in denen ein Projekt vorm Bewilligungszeitraum begonnen werden darf oder länger als der Bewilligungszeitraum läuft. Im ersten Fall handelt es sich um einen vorzeitigen Maßnahmenbeginn. Im zweiten Fall muss eine Anschluss- oder Weiterfinanzierung gefunden bzw. beantragt werden. In allen Fällen können jedoch die zugesagten Mittel lediglich im Bewilligungszeitraum abgerufen werden.

Häufig werden ausschließlich Ausgaben gefördert, die innerhalb dieses Zeitraums getätigt werden. Auch Rechnungen und Verträge müssen dementsprechend innerhalb des Zeitraums liegen.

*De minimis*

Das ist eine Regelung im europäischen Wirtschaftsraum für geringfügige Beihilfe (unter einem definierten Grenzwert) mit vereinfachten Vorschriften. Da diese nicht genehmigungspflichtig durch die Europäische Kommission sind, können kleine Beihilfen unter diese Verordnung fallen.

*Deckungsmittel*

Dies sind Mittel, die zur Finanzierung der Ausgaben dienen. Eine Veränderung der Deckungsmittel Ihres geförderten Projekts hat in den meisten Fällen Auswirkungen auf eine bereits zugesagte Förderung. Erhöhen sich bspw. Ihre Deckungsmittel, etwa durch Einnahmen, reduziert dies die Fördersumme einer Fehlbedarfs-, Voll- sowie Anteilsfinanzierung.

*Doppelfinanzierung*

Ausgaben eines Projekts dürfen nur durch eine Förderung finanziert werden. Verschiedene Förderungen dürfen sich zwar ergänzen und gemeinsam ein Projekt finanzieren, dennoch dürfen einzelne Ausgaben niemals zwei Förderungen zugeordnet werden.

*Drittmittel / Leistungen Dritter*

Alle weiteren Gelder, die Sie für Ihr Projektvorhaben gewinnen, sind für Ihre Förderpartnerin Drittmittel. Diese kommen somit nicht von Ihnen oder Ihrer Organisation selbst, sondern bspw. aus anderen Förderprogrammen, von Kommunen, Land, Bund, Stiftungen, Spenden oder Unternehmen. Einige Förderungen schließen (einzelne) Drittmittelarten aus.

**Beispiel:**

Sie erhalten für ein Projekt Fördergelder von zwei verschiedenen Förderpartnerinnen. Aus Sicht beider Förderpartnerinnen sind die Fördermittel der jeweils anderen Fördergeberin Drittmittel.

*Eigenanteil*

Bei vielen Förderungen ist es Bedingung, dass die geförderten Projekte mindestens einen prozentualen Anteil der benötigten Gesamtkosten selbst zur Finanzierung beisteuern. Üblich sind 20 Prozent Eigenanteil. Auf diese Weise möchten Fördermittelgeberinnen sicherstellen, dass die antragstellende Organisation motiviert ist und selbst mit in die Verantwortung geht.

**Beispiel:**

Die Deutsche Stiftung für Engagement und Ehrenamt (DSEE) unterstützt in einem Ihrer Förderprogramme Projekte mit bis zu 2.500 Euro. Sie übernimmt dabei maximal 90 Prozent der Gesamtausgaben. Der Eigenanteil beträgt somit mindestens 10 Prozent.

*Eigenmittel (geldlich)*

Als Eigenmittel wird meist der finanzielle Eigenanteil beschrieben, also das Geld, das ergänzend zur Förderung von Ihnen eingebracht wird. Sie können hierfür Geld verwenden, das auf Ihrem Konto ist. Insbesondere bei größeren Förderungen ist dies jedoch den wenigsten Organisationen möglich. Der Eigenanteil kann in sehr vielen Fällen auch durch eine weitere gewonnene Förderung (eher im Sinn einer Kofinanzierung) oder sogar mittels Stunden von Ehrenamtlichen eingebracht werden. Hier sind die Vorgaben dessen, was anerkannt wird und was nicht, von Förderung zu Förderung unterschiedlich.

**Beispiel:**

Die verschiedenen großen Soziallotterien schließen eine Kombination ihrer Förderungen in einem Projekt aus.

*Eigenmittel in Form von gesellschaftlichem Engagement*

Einige Förderinnen akzeptieren ehrenamtliche Arbeit, die in Ihr Projekt eingebracht wird, als Teil Ihrer Eigenmittel. Oder anders formuliert: Sie können einen Teil Ihres einzubringenden Eigenanteils über ehrenamtliches Engagement abdecken. Hierfür müssen Sie die tatsächlich geleisteten Ehrenamtsstunden genau dokumentieren und von den Ehrenamtlichen unterschreiben lassen. In den Förderbedingungen finden Sie meist eine genaue Vorgabe, wie viel Sie pro geleisteter Stunde ehrenamtlicher Arbeit anrechnen dürfen, ebenso häufig auch einen Maximalbetrag, der über Engagement eingebracht werden kann. Wichtig ist: Es fließt kein Geld. Es handelt sich um fiktive Mittel.

**Beispiel:**

Eine Stiftung akzeptiert, dass in ihrer Projektförderung ehrenamtliche Mitarbeit im Wert von 15,00 Euro pro Stunde angesetzt werden kann, um den Eigenanteil zu erbringen.

*Einzelansätze*

Mit Ihrem Förderbescheid wird der mit dem Antrag eingereichte Finanzplan als verbindlich für die Ausgaben des Projekts angesehen. Einzelansätze beschreiben die jeweiligen Kategorien Ihres Finanzplans (häufig: Honorarkosten, Personalkosten, Sachkosten). Da Veränderungen in der Projektpraxis auch schnell zu Abweichungen vom Finanzplan führen können, erlauben viele Förderungen, dass Sie bis zu einem definierten Prozentsatz in den Einzelansätzen von Ihrem ursprünglichen Finanzplan abweichen dürfen, ohne dass es einen Änderungsantrag braucht. Diese Flexibilität setzt voraus, dass alle Ausgaben ausschließlich für Ihr Projektvorhaben getätigt wurden und sich die Gesamtausgaben des Projekts nicht wesentlich ändern.

**Beispiel:**

„Die Einzelansätze dürfen um bis zu 20 von Hundert überschritten werden, soweit die Überschreitung durch entsprechende Einsparungen bei anderen Einzelansätzen ausgeglichen werden kann."

In diesem Fall dürfen Sie je Kategorie um bis zu 20 Prozent von Ihrem Finanzplan abweichen, solange die Summe der Ausgaben sich nicht ändert. Sie können also Geld zwischen den Kategorien schieben und bspw. 2.000 Euro weniger an Honorarkosten, dafür 2.000 Euro mehr an Sachkosten ausgeben, wenn diese Kategorien mit einem Budget von über 10.000 Euro kalkuliert waren.

*Erstattungsleistung*

Eine Erstattungsleistung ist eine Förderung, die erst nach Projektabschluss gezahlt wird. Sie müssen in diesem Fall in finanzielle Vorleistung gehen.

*Fehlbedarfsfinanzierung*

Die Förderung schließt eine Finanzierungslücke und deckt lediglich ab, was durch eigene Mittel und eventuelle Drittmittel nicht gestemmt werden kann. Bei dieser Förderform müssen Sie zunächst immer Ihre Eigen- und Drittmittel ausgeben. Steigen die Einnahmen oder gibt es mehr Förderungen für das Projekt als im Antrag angegeben, reduziert sich diese Förderung entsprechend.

**Achtung:** Fallen Einnahmen oder Drittmittel weg, kann der Förderbetrag Ihrer Fehlbedarfsfinanzierung nicht ohne Weiteres oder automatisch erhöht werden.

**Beispiel:**

Die Gesamtkosten für Ihr Projekt belaufen sich auf 10.000 Euro. Hiervon können Sie 6.000 Euro selbst aufbringen. Ihre Förderung im Rahmen der Fehlbedarfsfinanzierung übernimmt in diesem Fall die 4.000 Euro, die Ihnen noch fehlen, um die Gesamtkosten des Projekts decken zu können.

*Festbetragsfinanzierung*

Eine Festbetragsfinanzierung beschreibt eine Förderung in Form eines festen Betrags, deren Höhe unabhängig von den förderfähigen Gesamtkosten der geförderten Maßnahme ist.

**Beispiel:**

Bei einer Festbetragsfinanzierung in Höhe von 1.000 Euro erhält ein gefördertes Projekt eine Förderung in Höhe von 1.000 Euro, unabhängig davon, ob die Gesamtkosten des Projekts 2.000 Euro oder 10.000 Euro betragen.

*Förderfähige Ausgaben / zuwendungsfähige Ausgaben*

Förderfähige Ausgaben sind Kosten, die von der Förderpartnerin im Rahmen des Projekts anerkannt und gefördert werden. Diese müssen zunächst einen direkten Projektbezug haben und im Bewilligungszeitraum liegen. Darüber hinaus gibt jede Förderpartnerin vor, welche Ausgaben grundsätzlich gefördert werden können und welche nicht. Es kann bspw. sein, dass eine Förderung von Personalkosten ganz ausgeschlossen ist oder nur einen definierten Prozentsatz der Gesamtkosten ausmachen darf.

*Förderquote*

Die Förderquote ist das Gegenstück zum Eigenanteil. Sie beschreibt, wie hoch der Anteil der Förderung im Verhältnis zu den Gesamtkosten des Projekts ist.

**Beispiel:**

„Der Regelfall unserer Förderung ist eine Anteilsfinanzierung in Höhe von höchstens 80 Prozent der förderfähigen Kosten."

*Förderprogramm*

Förderorganisationen haben häufig neben einem fest definierten Zweck auch ausgearbeitete Förderprogramme, die aktuelle Förderschwerpunkte, deren Ziele und teilweise sogar gewünschte Maßnahmen beschreiben. Auf diese Weise machen sie die aktuelle Förderstrategie transparent. Im Rahmen von Förderprogrammen werden oft passende Ausschreibungen veröffentlicht, sodass sich Projekte gezielt und passend bewerben können.

*Institutionelle Förderung*

Das ist die Förderung einer Institution mit all ihren Aktivitäten und nicht eines einzelnen Projekts. Diese Form der Förderung ist seltener, häufig dauerhaft und für die geförderte Institution sehr flexibel und nachhaltig. Sie kann zur Deckung aller anfallenden Ausgaben verwendet werden, ist also nicht auf bestimmte Kostenarten oder eine festgelegte Förderquote beschränkt.

*Inventarisierung*

Müssen laut Förderbedingungen beschaffte Gegenstände inventarisiert werden, sind Sie verpflichtet, eine nummerierte Übersicht, bspw. in Form einer Liste dieser Gegenstände, anzulegen. Häufig müssen nur Gegenstände ab einem bestimmten Anschaffungs- oder Herstellungswert aufgelistet werden. Bestandteile eines solchen Inventars sollten eine Inventarnummer, Anschaffungswert und Projektnutzungsdauer sein.

*Investive Ausgaben*

Sogenannte investive Ausgaben sind längerfristige Anschaffungen. Projektförderungen schließen häufig Anschaffungen aus, die über den Projektzeitraum hinaus genutzt werden können. Denken Sie im Rahmen Ihres Projekts somit über Alternativen wie Mieten und passende Lizenzzeiträume nach.

**Beispiel:**

Benötigen Sie für eine Veranstaltung gute Boxen, macht es im Rahmen einer Projektförderung eher Sinn, diese zu mieten. Der Kauf eines Soundsystems im Rahmen einer Förderung, die lediglich eine Veranstaltung umfasst, ist aus Sicht Ihrer Fördermittelgeberin weder wirtschaftlich noch nötig.

*Kostenneutrale Änderung*

Das ist eine Veränderung zwischen dem geplanten Kosten- und Finanzierungsplan und den tatsächlichen Ausgaben, die keine Auswirkung auf die Höhe der Gesamtkosten hat.

*Mittelabruf*

Zugesagte Mittel werden selten unaufgefordert überwiesen. Meist müssen Sie diese entsprechend der vorgegebenen Bedingungen abrufen. Hierfür füllen Sie ein Formular aus, das üblicherweise Ihre Projektnummer, die angeforderte Summe sowie die noch verbleibenden, nicht abgerufenen Fördermittel enthält, oder Sie stellen einen formlosen Antrag. Mittel können Sie erst nach Erhalt eines Zuwendungsbescheids abrufen und in den meisten Fällen nur, nachdem Sie einen Rechtsbehelfsverzicht unterschrieben haben. Übliche Vorgabe zum Mittelabruf ist die zeitnahe Verwendung, die einen Zeitraum vorgibt, in dem die angeforderten Mittel verausgabt werden. In einigen Fällen kann auch der gesamte Förderbetrag, unabhängig von einer Verwendungsfrist, abgerufen werden.

*Nichtveranlagungsbescheinigung*

Eine Nichtveranlagungsbescheinigung ist eine offizielle Bestätigung, dass eine juristische Person keine Einkommensteuer zahlen muss, da bspw. ihr Einkommen unterhalb des Grundfreibetrags liegt. Die Bescheinigung wird vom Finanzamt ausgestellt und erfüllt vor allem den Zweck, dass Banken oder andere Finanzinstitute bestimmte Kapitalerträge steuerfrei auszahlen können.

*„Die krasseste Erfahrung haben wir mit einer unserer ersten Förderzusagen einer Stiftung gemacht. Sie konnten uns den Bewilligungsbescheid nur ausstellen, wenn wir ein Sonderkonto für diese Gelder einrichten. Hier habe ich auch zum ersten Mal von einer sogenannten Nichtveranlagungsbescheinigung gehört, die wir hierzu vom Finanzamt benötigten. Was nach einem Standardprozess klingt, entpuppte sich als ein bürokratisches Monster zwischen uns, der Bank, dem Förderpartner und dem Finanzamt. Es hat circa sechs Wochen gedauert, bis alle Unterlagen an die richtigen Stellen übermittelt waren, diese auch bearbeitet wurden und wir alle Unterschriften (teils persönlich) geleistet hatten. Damit hatte ich wirklich nicht gerechnet und es hat uns viel Zeit und Nerven gekostet. Der Bewilligungsbescheid kam dann nur ganz knapp vor Projektbeginn bei uns an."*

*Bryan Fellbusch, Widen the Circle*

*Projektförderung*

Eine Projektförderung beschreibt eine Zuwendung für ein bestimmtes, zeitlich abgegrenztes Vorhaben. Üblicherweise werden Projektförderungen über ein Antragsverfahren vergeben. Projektanträge beinhalten eine möglichst konkrete Beschreibung des Vorhabens, des Zwecks sowie eine Finanz- und Zeitplanung. Wird eine Förderung zugesagt, ist diese in der Regel eng an einen Zweck gebunden.

*Projektbezogene Sachausgaben*

Gegenstände können nur durch eine Projektförderung finanziert werden, wenn sie nachvollziehbar der direkten Erfüllung des Zuwendungszwecks dienen, vor Projektende nicht in einem anderen Kontext verwendet werden und eine andere Lösung wie Mieten nicht wirtschaftlicher wäre. Ab einem in den Förderbedingungen definierten Anschaffungswert müssen Sachgegenstände inventarisiert werden.

*Rechtsmittelverzicht/Rechtsbehelfsverzicht*

Mit einem positiven Förderbescheid wird Ihnen sehr wahrscheinlich auch ein Rechtsmittelverzicht zugesendet. Unterzeichnen Sie diesen, so erklären Sie, dass Sie den Inhalt des Zuwendungsbescheids bzw. Teile hiervon nicht anfechten werden. Auf diese Weise wird Ihr Zuwendungsbescheid mit Eingang des unterschriebenen Rechtsmittelverzichts rechtsgültig. Andernfalls wäre das erst nach einer Widerspruchsfrist der Fall. Für Ihre Projektpraxis ist dies insofern relevant, als dass Sie erst mit einem rechtsgültigen Zuwendungsbescheid Mittel abrufen können.

*TVöD/TV-L*

Müssen Sie sich bei der Vergütung Ihrer Projektmitarbeitenden am öffentlichen Dienst orientieren, dann ist der TVöD, der Tarifvertrag für den öffentlichen Dienst, bzw. der TV-L, der Tarifvertrag für den öffentlichen Dienst der Länder, der Maßstab. Online finden sich jeweils die aktuellen Gehaltsstufen in Form von Tabellen. Da diese regelmäßig angepasst werden, sollten Sie bei Ihrer Finanzplanung auf eine aktuelle Referenz achten.

*Verhandlungsvergabe / Vergabe (von Leistungen) / Vergabeverfahren*

Für Sachausgaben und Honorare ab einem bestimmten Anschaffungswert müssen Sie meist ein vorgegebenes Verfahren beachten – ein sogenanntes Vergabeverfahren. Die genauen Vorgaben Ihrer Förderpartnerin finden Sie in den Förderbedingungen. Meist haben Sie die Pflicht, bei Aufträgen über einem definierten Grenzwert zunächst mehrere Vergleichsangebote einzuholen und den Entscheidungsprozess für ein Angebot transparent zu dokumentieren. Auf diese Weise soll sichergestellt werden, dass Fördermittel sparsam und wirkungsvoll verwendet werden.

*Verwaltungsausgaben/Verwaltungskosten*

Bei der Durchführung von Projekten entstehen immer auch Kosten, die nicht direkt mit der Projektumsetzung zu tun haben. Kosten im Bereich der Verwaltung, bspw. Personalkosten, Kosten für die Lohn- oder Projektbuchhaltung, die Steuerberatung oder oft auch Büromaterial, werden unter dem Begriff der Verwaltungskosten zusammengefasst. Dies sind reale Kosten, die Sie in keinem Fall vergessen dürfen. Bei einigen Projektförderungen ist die Anrechnung einer Verwaltungskostenpauschale möglich. Falls nicht, sprechen Sie mit der Förderpartnerin über andere Möglichkeiten wie eine anteilige Anrechnung.

*Verwaltungskostenpauschale*

In vielen Fällen können Verwaltungsausgaben nicht einzeln angerechnet werden, sondern es wird eine Verwaltungskostenpauschale gezahlt. 10 bis 20 Prozent sind ein üblicher Richtwert. Ist kein pauschaler Satz seitens der Förderung vorgegeben, sollten Sie möglichst genau kalkulieren, welche Verwaltungskosten im Rahmen des Projekts tatsächlich anfallen werden. Wenn Sie sichergehen wollen, dass diese Kosten förderfähig sind, sprechen Sie vor Antragstellung mit der Förderpartnerin.

*Verwendungsnachweis*

Mit dem Verwendungsnachweis weisen Sie die Verwendung der Fördergelder nach. Die vorgegebene Form und Inhalte des Verwendungsnachweises können von Förderung zu Förderung sehr unterschiedlich sein. Meistens besteht er aus einem Sachbericht und einem zahlenmäßigen Nachweis. Bei einem vereinfachten bzw. einfachen Verwendungsnachweis reichen Sie für den zahlenmäßigen Nachweis eine Auflistung der Einnahmen und Ausgaben ein. Belege für entstandene Ausgaben müssen bei einem einfachen Verwendungsnachweis nicht vorgelegt (aber für den Fall einer Prüfung jedoch aufbewahrt) werden. Je nach Vorgaben können weitere Nachweise, bspw. Teilnehmerlisten oder Ehrenamtsstunden, gefordert werden. Die Einreichungsfrist des Verwendungsnachweises wird in den Förderbedingungen vorgegeben.

*Vollfinanzierung*

Bei einer Vollfinanzierung deckt die Förderung sämtliche förderfähigen Kosten eines Vorhabens. Sie benötigen bei dieser Finanzierungsform weder Eigenmittel noch zusätzliche Einnahmen.

*VZÄ – Vollzeitäquivalent*

Für die benötigten Personalkosten Ihres Projekts müssen Sie in Ihrem Finanzplan üblicherweise diejenigen Informationen angeben, die die Berechnung des Kostenpunkts nachvollziehbar machen. Hierzu gehören: Position, Aufgaben, Gehalt, Stundenumfang/Stellenanteil sowie Dauer der Anstellung. Der Umfang der Stelle kann in 100 Prozent oder als Vollzeitäquivalent angegeben werden – beide Größen beziehen sich auf die Anzahl der Arbeitsstunden geteilt durch den Stundenumfang einer Vollzeitstelle.

**Beispiel:**

Eine Vollzeitangestellte in Ihrer Organisation arbeitet 40 Stunden pro Woche. Für ein Projekt möchten Sie eine Projektleitung mit 20 Wochenstunden einstellen. Sie benötigen somit ein 50-Prozent-Stelle (20 h/40 h*100 %) oder 0,5 VZÄ (20 h/40 h).

*Zuwendungsbescheid/Bescheid*

Ein Zuwendungsbescheid ist zunächst die Zusage einer Förderpartnerin, Ihr Projekt zu fördern. Dieser Bescheid fasst die Bedingungen zusammen, zu denen Sie die Fördermittel erhalten. Mit Ihrer Unterschrift unter dem Rechtsmittelverzicht oder dem Verstreichen der Widerspruchsfrist, ohne dass Sie dem Bescheid widersprochen haben, ist der Bescheid mit den darin enthaltenen Förderbedingungen rechtsverbindlich. Erfüllen Sie diese nicht, kann die Förderpartnerin ihr Geld, eventuell sogar mit Zinsen, zurückfordern.

*Zuwendungsfähige Kosten*

Der Begriff beschreibt alle Kosten, die von Ihrer Förderung finanziert werden können. Sie werden von Ihrer Förderpartnerin als förderfähig bzw. zuwendungsfähig anerkannt. Sie beschreiben somit alle Ausgaben, die zur Durchführung Ihres geförderten Projekts notwendig sind. Zusätzlich müssen sie innerhalb des Bewilligungszeitraums anfallen und im eingereichten Finanzierungsplan enthalten sein.

*Zweckbindung*

Grundsätzlich sind Zuwendungen für Projektförderungen an einen Zweck gebunden. Sie dürfen entsprechend nur für notwendige Ausgaben zur Zweckerreichung verwendet werden. Insbesondere bei öffentlichen Förderungen bezieht sich der Begriff „Zweckbindung" meist auf die Verwendung von Gegenständen, die Sie mit Ihren Fördermitteln erworben oder hergestellt haben. Hier gibt es oft die Auflage, dass diese Gegenstände allein für den im Bescheid angegebenen Zuwendungszweck verwendet werden dürfen und – zumindest während der Projektlaufzeit – nicht in einem anderen Kontext.

*Zwischenbericht/Zwischennachweis*

Einige Förderungen verlangen neben einem Abschlussbericht auch einen oder mehrere Zwischenberichte. Diese können wie Abschlussberichte bzw. Verwendungsnachweise von Förderung zu Förderung sehr unterschiedlich ausfallen. Meist sind sie weniger umfangreich als der Abschlussbericht, folgen jedoch einer ähnlichen Logik. Bei mehrjährigen Projekten ist es nicht unüblich, dass mit einem Zwischennachweis die Mittelverwendung des Vorjahres nachgewiesen werden muss. Die Fristen für die Vorlage des oder der Zwischennachweise finden Sie in Ihren Förderbedingungen.

## 4.3 Risiken

Mit Ihrer Unterschrift verpflichten Sie sich zu einer Durchführung nach Plan. Bindend ist dabei der Projektplan, der häufig viele Monate zuvor in einem theoretischen Raum entstanden ist. Die Realität einer Projektdurchführung ist jedoch, dass kaum etwas in Gänze planbar ist. Veranstaltungen fallen aus, es kommen viel weniger oder viel mehr Menschen, Angestellte werden krank, Partnerinnen springen ab, die Bedarfe Ihrer Zielgruppe ändern sich, Materialien werden teurer und auch Fehler können schlichtweg passieren.

Wir haben das gesamte Kapitel 4 mit dem Ziel aufgebaut, dass Sie die Förderbedingungen für Ihr Projekt möglichst gut verstehen, um diese erfüllen zu können. Doch was passiert, wenn eine dieser Förderbedingungen nicht eingehalten wurde? Mit welchem Risiko müssen Sie rechnen?

*Risiken einkalkulieren*

Pauschal können wir diese Fragen nicht beantworten. Theoretisch gibt es das Risiko, dass Sie Gelder nicht ausgezahlt bekommen, Fördergelder zurück- oder Zinsen zahlen müssen. Ein Hauptrisiko ist somit der mögliche finanzielle Verlust. Hinzu kommt das Risiko, dass Sie ein durch eine Förderung aufgebautes Team im Anschluss an die Förderung nicht halten können, Ihre Organisation hierdurch Wissen verliert und Sie nach Projektende insbesondere im Berichtswesen allein verantwortlich sind. Und auch das Risiko eines Reputationsverlusts ist vorhanden – vor allem können hierdurch mögliche weitere Förderungen durch die Förderpartnerin gefährdet sein.

*Sanktionen*

In den Förderbedingungen finden sich meist im letzten Paragrafen und unter den Stichworten „Erstattung" oder „Verzinsung" die konkreten Sanktionen, die die Fördermittelgeberin nutzen kann. Diese sind allesamt monetär und beziehen sich auf die Rückforderung der gesamten Fördersumme, auf ein Aberkennen einzelner Ausgaben und damit auf eine teilweise Rückerstattung und das Zahlen von Zinsen.

Der Zuwendungsbescheid kann insbesondere dann zurückgenommen werden, was bedeutet, dass Sie die gesamte bis dahin gezahlte Fördersumme zurückerstatten müssen, wenn die Fördergelder nicht für den vereinbarten Zweck eingesetzt werden, Sie bei Antragstellung gelogen haben, um die Förderung zu bekommen, oder Sie der in den Förderbedingungen aufgeführten Mitteilungspflicht nicht nachkommen.

*Rückerstattung*

Eine teilweise Rückerstattung ist vor allem als Ergebnis der Abschlussprüfung möglich. Hierbei kann es sein, dass einzelne eingereichte Kostenpunkte nicht den Förderrichtlinien entsprechen oder als nicht für die Projektumsetzung notwendig angesehen werden.

Zinsen können auf nicht rechtzeitig getätigte Rückzahlungen – bspw. nach einem Mittelabruf, der nicht innerhalb der gesetzten Frist verausgabt wurde – anfallen.

**Und was passiert, wenn man Bedingungen nicht einhält?**

*„Im schlimmsten Fall müssen Projektträger mit Rückforderungen rechnen. Die Regeln sind da ja verbindlich. Bei uns ist jetzt tatsächlich noch nie irgendwas Dramatisches passiert. Mit Nachfragen kriegt man dann eigentlich immer alles hin."*

*Harald Maas, Partnerschaft für Demokratie der Stadt Göppingen*

Obwohl Förderbedingungen sehr ernst zu nehmen und die Risiken auf Projektseite real sind, war in unseren Gesprächen mit Fördermittelgeberinnen der Tenor vor allem einer: Sie ziehen mit Ihrer Förderpartnerin an einem Strang. Wenn Sie im Rahmen Ihres Projekts im Sinne des Förderzwecks agieren, Sie in Ihrer Kommunikation ehrlich und in der Dokumentation gewissenhaft sind, dann lassen sich auch für Fehler in den meisten Fällen gute Lösungen finden. Dennoch ist eine Sanktion entsprechend der von Ihnen unterschriebenen Förderbedingungen möglich.

**Realistisch planen**

Auf der anderen Seite sind Unwägbarkeiten seitens der Förderpartnerin ebenfalls ein realistisches Risiko: von einer intransparenten Kommunikation über verspätete Zahlungen bis hin zu sehr langsamen Bearbeitungszeiträumen.

Es kann sein, dass Sie trotz eines richtig ausgefüllten Mittelabrufs sehr lange auf eine Zahlung oder trotz mündlicher Zusage und pünktlich eingereichtem Antrag bis weit nach dem geplanten Projektstart auf einen Bescheid warten müssen. Da Sie vor Eingang dieses Bescheids weder Angebote einholen noch Stellen ausschreiben dürfen, kann es sein, dass Sie dann binnen weniger Tage Stellen ausschreiben, Einstellungsprozesse durchführen und ein Team zusammenstellen müssen, das in verkürzter Projektlaufzeit dennoch das geplante Projekt durchführen muss. Jens Busch, Geschäftsführer von climb, berichtete uns von einer Zusammenarbeit mit Förderpartnerinnen, bei der die Organisation über mehrere Jahre immer wieder im Unklaren gelassen wurde, mit welchen Fördersummen sie rechnen kann – für die Projektplanung und das Controlling ein regelrechter Albtraum und großer Stressfaktor.

*„Die Stadt musste allerdings diese Mittel beantragen für die Lernferien. Wir konnten das nicht selbst tun. Und uns war wirklich teilweise jahrelang nicht klar, wie viel Geld die Stadt eigentlich beantragt hat. Allein diese Frage, über welche Summe reden wir, konnte nicht beantwortet werden."*

*Jens Busch, climb*

**Puffer einbauen**

Sarah Keller, Vorständin eines Wohlfahrtsverbands, wiederum berichtete uns von einer Rückfrage zu einem Verwendungsnachweis, fünf Jahre nach Projektende. In diesem Fall hatte der Bearbeitungsprozess seitens der Förderpartnerin so lange gedauert, dass es für die geförderte Organisation kaum noch möglich war, die Projektdetails zu rekonstruieren.

*„So gab es in einem Projekt einen Personalwechsel, ‚auf beiden Seiten', d. h. sowohl bei uns als auch aufseiten des Fördergeldgebers. Diese Leerstellen, verbunden mit nur oberflächlichen Dokumentationen und Übergaben, führten dazu, dass das Projekt – ohne dass wir es so richtig bemerkt haben – nie richtig zum Abschluss gebracht wurde. Der Fördermittelgeber hat dies jedoch erst nach fünf Jahren festgestellt und die Belege und Abschlussberichte mit jahrelanger Verspätung bei uns angefordert. Eine echte Detektivaufgabe, nach so langer Zeit und ohne das Wissen der im Projekt eingesetzten Mitarbeitenden ein Projektvorhaben zu rekonstruieren."*

*Sarah Keller, Wohlfahrtsverband*

In solchen Fällen bleibt Ihnen als geförderte Organisation meist wenig anderes übrig, als mit Puffer zu planen, nachzuhaken und gut zu dokumentieren. Dass wir dies in diesem Buch immer wieder wiederholen, hat tatsächlich seinen Grund.

# 5. Fördermittel managen in der Durchführung

Nach der Durchsicht und dem Verständnis der Bedingungen, unter denen die Förderung umgesetzt werden muss, sowie der formalen Annahme des Fördervertrags und des Rechtsmittelverzichts per Unterschrift, ist der nächste wichtige Schritt die Personalplanung.

Steht das Team fest und ist der Tag des Projektstarts gekommen, ist es ratsam, einen genauen Plan für die Durchführung zu erstellen und einen gemeinsamen Start mit allen Projektbeteiligten zu organisieren, in dem alle relevanten Informationen geteilt werden. Im folgenden Kapitel finden sich wichtige Punkte, Meilensteine und Themen, die es zu beachten gilt. Gleichzeitig sind Vorlagen und Beispiele abgebildet, die die Durchführung unterstützen, das Reporting erleichtern und die Steuerung des Mitteleinsatzes vereinfachen.

## 5.1 Personaleinsatz

Jetzt wird definiert, wer welche Aufgabe und Rolle in dem Projekt übernehmen wird und wer welche Verantwortlichkeiten und Befugnisse erhält. Bereits in der Planungs- und Antragsphase sollten Sie klären, ob Mitarbeitende aus dem bestehenden Team in dem Projekt arbeiten sollen und dürfen, ob Stunden aufgestockt werden oder gar neues Personal eingestellt wird. Jetzt werden die Verträge entsprechend geschlossen bzw. bestehende Verträge durch einen Änderungsvertrag ergänzt. Bei Vertragsergänzungen empfiehlt es sich, den genauen Umfang, die Aufgabe und das Förderkennzeichen des Projektes im Vertrag anzugeben.

**Beispielformulierung „Ergänzung eines Anstellungsvertrags":**

„Die Mitarbeiterin wird mit fünf Wochenstunden im Projekt ‚Lebenslanges Lernen in Langenfeld', gefördert durch die Stiftung Sonne, Mond und Sterne (Förderkennzeichen: XYZ 123), als Bildungsreferentin angestellt."

So kann der Förderpartner bei Einsicht in die Verträge leicht deren Richtigkeit prüfen. Außerdem ist es für eine Prüfung wichtig, dass das Angestelltenverhältnis zuvor (falls es das gab) angegeben wird. Beispielsweise kann der Vertrag, der vor der Änderung gültig war, ebenfalls beigelegt werden. Wir sind dazu übergegangen – im Fall einer ausführlichen Prüfung – die Historie des Angestelltenverhältnisses tabellarisch darzustellen und die zugehörigen Verträge beizulegen.

Erinnerung: Je nach Förderrichtlinie kann es ausgeschlossen sein, dass bereits angestellte Mitarbeitende nur durch ein verändertes Aufgabenprofil und ohne aufgestockten Stundenumfang in dem Projekt arbeiten dürfen. Suchen Sie nach diesen Vorgaben in den Förderbedingungen oder klären Sie dies vorab mit dem Geldgeber.

*Neue Stellen ausschreiben*

Bei Neueinstellungen müssen Sie die Stellen in der Regel ausschreiben und Ihr Netzwerk über die Vakanz informieren. Hierzu kann es ebenfalls Vorgaben des Förderpartners geben, bspw., dass die Stelle auf einer bestimmten Plattform veröffentlicht werden muss.

Das Projekt sollte exakt so mit Personal ausgestattet werden, wie es im Antrag vorgesehen ist.

**Achtung:** Vereinbarungen und Verträge, die die Förderung betreffen, dürfen niemals vor Erhalt des Zuwendungsbescheids und dem dort aufgeführten Beginn des Durchführungszeitraums verhandelt und unterzeichnet werden. Eine Ausnahme ist nur dann gegeben, wenn ein vorzeitiger Maßnahmenbeginn vereinbart wurde.

**Checkliste „Personalplanung":**

- Bedingungen für Anstellungen wurden gecheckt
- Besserstellung wurde ausgeschlossen
- Ausschreibungsmodalitäten sind geklärt
- Stellenprofile sind in Einklang mit Projektaufgaben
- Datum aller Verträge erst nach Zugang der Förderzusage
- Verträge haben bei Bedarf einen entsprechenden Verweis
- Meldung neuer/veränderter Anstellungsverhältnisse an das Lohnbüro und Lohnbuchhaltung

*Team: Zusammensetzung, Aufgabenerteilung und Talente*

Bei der Zusammensetzung eines Projektteams brauchen wir – unabhängig vom Thema – verschiedene Kompetenzen. Außerdem müssen alle Rollen und Aufgaben klar definiert und verteilt sein. Ganz wichtig: Es muss eine dezidierte Projektleitung geben. Ist diese Verantwortlichkeit nicht klar einer Person zugewiesen, droht nahezu jedes Projekt zu scheitern. Eine Projektleitung bringt – neben einer fachlichen Expertise für das Thema – idealerweise Projektmanagementerfahrung mit und ist ein eher extrovertierter Typ, der gern mit Menschen in Kontakt ist, Ideen vor größeren Runden vorstellt und es vermag, Menschen für eine Idee zu begeistern.

*„Die Projektleitung muss ja vorne stehen und die Menschen von den Inhalten begeistern. Für diese Rollen braucht es jemanden, der extrovertiert ist, kreativ und im besten Fall spontan, flexibel und visionär."*

*Sarah Keller, Wohlfahrtsverband*

*Zwingende Kernkompetenzen*

Aber wie sieht es im Fördermittelmanagement aus? Welche Kernkompetenzen sollten Menschen für diese Stelle mitbringen? Einerseits geht es um Sorgfalt, betriebswirtschaftliches Verständnis und Details und andererseits darum, in einem komplexen Projekt den Überblick zu behalten. Das Fördermittelmanagement entwickelt im besten Fall das Selbstverständnis, dass es die Grundlage im Hintergrund für die inhaltliche Arbeit bildet und alle notwendigen Informationen und Ressourcen für das Projekt bereitstellt, verwaltet und administriert. Dabei geht diese Stelle weit über reine Buchhaltung hinaus. Es braucht Menschen, die nicht in der ersten Reihe stehen wollen, sich aber bestens darauf verstehen, sich zu vernetzen, andere zu beraten und das gesamte Projekt zu verwalten.

*„Die Basis für ein gutes Fördermittelmanagement ist ein starkes und verlässliches Team mit verschiedenen Kompetenzen. [...] [Es] müssen natürlich Deadlines und Aufgaben im Blick behalten werden, aber es braucht auch eine transparente Kommunikation mit den Förderpartner*innen, um bei Bedarf Unterstützung und Beratung zu bekommen. Es geht also auch sehr um die Beziehungspflege und ein gegenseitiges Vertrauen – denn das Ziel von beiden ist schließlich, die Mittel wirkungsvoll einzusetzen."*

*Lena Hartmann, ZWEITZEUGEN e. V.*

Und geht das in Personalunion? Kann eine Projektleitung auch gleichzeitig das Fördermittelmanagement abdecken? Wir denken: Nein, in keinem Fall. Die Projektleitung braucht Frei- und Spielraum, die inhaltlichen Aspekte zu gestalten, Personal zu führen und die Menschen in ihren Rollen zu entwickeln. Unsere Gesprächspartnerin stimmt dem zu:

*„Ich würde grundsätzlich immer empfehlen, die Aufgaben des Fördermittelmanagements von denen der Projektleitung zu trennen. Fördermittelmanager*innen müssen akribisch und sorgfältig in vorgegebenen Strukturen arbeiten können. Das erfordert eine hohe Leidenschaft für Gründlichkeit und ist eine Stelle für Menschen, die sich für Themen wie Steuerberatung, Buchhaltung oder Wirtschaftsprüfung begeistern und dort ihre Leidenschaft sehen. Sie müssen sich in die Förderbedingungen einlesen, sie verstehen und diese auf den gesamten Projektablauf übertragen können. Sie sind die ersten Ansprechpersonen, wenn es um administrative Abläufe, Vergabeprozesse oder Richtlinien geht."*

*Sarah Keller, Wohlfahrtsverband*

**Verantwortung übernehmen**

Im Fördermittelmanagement braucht es also Menschen, die gern Verantwortung übernehmen – schließlich geht es um (fremdes) Geld, das bestmöglich zur Zweckerfüllung eingesetzt werden muss.

*„Ich glaube, es ist eine spannende Mischung aus ganz vielen Aspekten. Zum einen die Vogelperspektive, das große Ganze der nachhaltigen Organisationsentwicklung und die Flexibilität, Veränderungsprozessen positiv zu begegnen und diese zu begleiten. Gleichzeitig auch der Blick für Sorgfalt und Details. Das ist ein unverzichtbares Talent. Man verantwortet große Budgets und Projektmittel, man braucht ein echtes Adlerauge und auch Freude an den Details. Dann ist es auch wichtig, die Partner tatsächlich als Partner für unsere Sache zu sehen und die Zusammenarbeit gemeinsam zu gestalten."*

*Rebecca Rank, Acker e. V.*

Fördermittelmanager müssen sehr gut in der Lage sein, um Verständnis für Regularien und Restriktionen zu werben. Sie müssen sehr gut durchdringen, warum Fördermittelgeber bestimmte Richtlinien vorgeben und dieses Verständnis auch in das Team tragen.

Um genau für diese Aufgabe und die teils komplexen Vorgänge in Förderprojekten ein gutes Verständnis in der Gesamtorganisation zu entwickeln, haben wir uns ein Spiel als Teambuildingeinheit erdacht. Probieren Sie es doch beim nächsten Company Meeting aus. Es hat für viel Freude und echte „Aha-Momente" in unserem Team gesorgt.

## Spiel

**Positionierungsspiel: Projektverlauf von Förderprojekten**

Bei diesem Positionierungsspiel erhalten zehn Personen je eine Karteikarte mit einem der folgenden Texte. Die erste Aufgabe ist, sich in der richtigen Reihenfolge (Projektverlauf) nebeneinander aufzustellen. Ist dies geglückt (Moderation korrigiert ggf.), lesen die Personen die Karten der Reihe nach vor:

1. **Idee**
2. **Ausschreibung**
3. **Antrag**
4. **Förderzusage**
5. **Bewilligungsbescheid**
6. **Kick-off**
7. **Mittelabruf**
8. **Durchführung**
9. **Verwendungsnachweis**
10. **Abschluss**

**Störer: Förderbedingung**

Eine Person (vorher gebrieft und idealerweise die Person, die im Fördermittelmanagement tätig ist) hängt sich ein Schild mit der Aufschrift „Förderbedingung" um. Immer wieder (ab Förderzusage) mischt sich die Förderbedingung ein und unterbricht die einzelnen Stationen mit Details.

**Bspw.:** *Ich bin ja eigentlich die Wichtigste hier…*
**Oder:** *Ja, Moment, ihr müsst immer drei Angebote einholen.*
**Oder:** *Nee, der Beleg ist doch nicht richtig. Da sind zwölf Cent Pfand nicht abgezogen.*
**Oder:** *Diese Person darf aber nicht mitmachen. Die war doch schon vorher im Verein tätig. Nur Neueinstellungen bitte!*

Die Einmischungen wie die Beschriftung der Karteikarten können auf die Themen der Organisation angepasst werden.

Wenn die Karte „Kick-off“ vorgelesen wird, unterbricht die Förderbedingung und behauptet, es handele sich bei der Aufstellung ja gar nicht mehr um die richtige zeitliche Darstellung. Sie fordert die Idee, die Ausschreibung und den Antrag auf, sich ganz weit weg hinzustellen, da das ja schon soooo lange her ist.

**Karteikarten zum Vorlesen:**

**IDEE**

**„Ich bin die Idee. Ich komme an erster Stelle.**

Die Idee für ein Projekt entsteht im Verein in der Regel dann, wenn wir einen konkreten Bedarf haben. Beispielsweise nach digitalen Bildungsangeboten oder nach der Zusammenarbeit mit bestimmten Gedenkstätten. Wenn eine Idee entsteht, müssen die Finanzierung und die Machbarkeit geprüft werden. Ach, wer steht denn da neben mir?
**Bist du das etwa, Ausschreibung?“**

**AUSSCHREIBUNG**

**„Guten Tag, liebe Idee!** Genau, ich bin die Ausschreibung der Stiftung Wunderbar. Ich habe sehr konkrete Vorstellungen von der Idee, die ich fördern will. Lass uns mal schauen, ob wir zusammen passen. Ach so, eins sag ich Dir gleich: Wenn Du zum ersten Mal einen Antrag bei mir stellen willst, dann geht das nur für eine kurze Projektlaufzeit. Danach schauen wir dann mal. Und vergiss bitte nicht, der Stiftung Wunderbar den Freistellungsbescheid des Vereins, die Satzung und den letzten Eintrag aus dem Vereinsregister mitzuschicken. Ein paar Absichtserklärungen von Partnern sollten auch dabei sein. Dann stelle ich Dir vielleicht irgendwann die Förderzusage vor.
**Aber das dauert. So drei bis zwölf Monate...“**

**ANTRAG**

**„Moin zusammen! Antrag heiße ich.**

Also ich bestehe aus sehr vielen Formularen und auch ich habe eine sehr klare Vorstellung, wie ich strukturiert sein muss. Bitte keine PDFs und nur die Word-Vorlagen aus dem Download-Bereich der Webseite mit der Ausschreibung verwenden. Du musst ganz genau beschreiben, welche ganz konkreten Maßnahmen geplant sind und vor allem einen sehr detaillierten Überblick über die Projekt-Finanzen geben!
Jeder einzelne Cent zählt – und muss gerechtfertigt werden, bitte!“

**FÖRDERZUSAGE**

**„Hello, hello! Mein Name ist Förderzusage und ich bringe frohe Kunde:**

Wir finden Dich klasse, Idee! Du passt gut zu unserer Ausschreibung und der Antrag fetzt echt total. Wir mussten zwar ein paar Extra-Schleifen drehen, bis endlich alles ganz genau so war, wie wir uns das gewünscht haben, aber das ist schon ok. Nicht alle können so klasse sein wie wir, die Stiftung Wunderbar! Ich hoffe, ich komme nicht zu spät? Sorry, war echt viel los. Eigentlich wollten wir ja schon vor zwei Monaten eine Entscheidung treffen. Jetzt kann es sofort losgehen.

**Also, nachdem Du Dich mit dem Bewilligungsbescheid auseinandergesetzt hast.“**

**BEWILLIGUNGSBESCHEID**

„**Servus! Ich bin der Bewilligungsbescheid.**
Ein ganz offizielles deutsches Dokument. Eigentlich ein Vertrag, nur etwas knackiger. Deshalb musst du mich auch rechtsverbindlich unterschreiben und postalisch zurücksenden – beeil dich bitte, morgen ist die Deadline. In mir findest du alle Vereinbarungen zu deinem Projekt: Welche Förderhöhe wir genehmigen (ach ja, ist doch etwas weniger geworden als beantragt), wann wir welche Berichte benötigen und was wir von deinen ganzen Wünschen wirklich fördern möchten. Außerdem meine beste Freundin, die habt ihr ja schon kennengelernt…“

*(Anm.: gemeint ist die Förderbedingung)*

**KICK-OFF**

„So, gut, nachdem das geklärt ist, können wir jetzt endlich offiziell starten. **Gestatten, Kick-off.** Mit mir geht es los! Ich bin so krass motiviert, Leute! Ich bin dazu da, das Projektteam zusammenzustellen, den restlichen Verein über das Vorhaben zu informieren und einen Projektplan anzufertigen. Also im Prinzip: Wer macht was und bis wann. Es sollte immer eine Projektleitung geben, die den Überblick behält. Dann sollte Team Kommunikation informiert werden, wo wir sie brauchen und natürlich das Finanzteam. Denn die brauchen wir ganz sicher!

Ey!!! **Mega, wir können ja schon Mittelabruf vorstellen.**“

**MITTELABRUF**

**„Ja, grüßt Euch! Ich bin Mittelabruf.**

Das Geld kommt schließlich nicht allein auf euer Konto. Das müsst ihr schon schriftlich einladen. Und zwar freundlich und nach dem Mittelabrufplan, den euch der Bewilligungsbescheid verraten hat. Und natürlich schriftlich. Mit Stempel. Mit zwei Originalunterschriften aus dem Vorstand. Per Post.... Ihr könnt immer genau den Betrag abrufen, den ihr in den nächsten zwei Monaten ausgeben wollt. Mehr nicht!

**Und jetzt ab zur Durchführung.**“

**DURCHFÜHRUNG**

„Hallöchen! Tja, was soll ich sagen? Mein Name ist Programm. Jetzt wird endlich mal gearbeitet. Jetzt setzen wir alles aus dem Projektplan um. Und zwar ganz genau so, wie es beantragt war. Was? Wie? Es gibt eine Abweichung in dem, was wir umsetzen wollen zu dem, was wir vor über einem Jahr in den Antrag geschrieben haben? Kein Problem, schreibt bitte einfach einen Änderungsantrag! Easy! Und bitte immer alles mit den Förderpartnern absprechen! Und dann natürlich den Bericht, wenn ihr mit mir fertig seid. **Wir nennen ihn ja liebevoll Verwendungsnachweis.** Weil er so streng ist... “

**VERWENDUNGSNACHWEIS**

„**Shalom! Ich bin der Verwendungsnachweis** und meist absolut unflexibel. Eigentlich ein bisschen wie Antrag, nur viel, viel genauer. Ich möchte Belege über JEDEN, und ich wiederhole: JEDEN Cent, den ihr ausgegeben habt! Und zusätzlich noch alle Arbeitsverträge, der im Projekt Beteiligten, alle Zahlungsnachweise und Belegexemplare der Drucksachen. Jeder Cent muss begründet sein! Außerdem einen schönen Sachbericht. Nicht zu lang, nicht zu kurz. In der Struktur, die ich mir vorstelle. Und dann füllt bitte noch das Formular aus…. Ja, und natürlich alles mit Stempel und rechtsverbindlich unterschrieben. Merci!"

**ABSCHLUSS**

„So, ihr dachtet, ihr seid fertig?

Nichts da! Ein Projekt ohne Abschluss ist wie Cappu ohne cino. Mit mir solltet ihr auswerten, ob das Projekt für den Verein ein Erfolg war, ob alle Rollen klar verteilt waren und auch, ob die Inhalte Teil des Regelangebotes des Vereins werden sollten. Darüber freut sich auch meine Cousine Wirkungsbericht :-) Die kommt ja bald zu uns …"

*Abbildung 4: Positionierungsspiel (Quelle: eigene Darstellung)*

## 5.2 Plan zur Projektdurchführung

Ein Plan zur Projektdurchführung ist zunächst ein Dokument, in dem alle relevanten Informationen, Fristen, Ziele, Bedingungen, Rollen und Verweise auf weitere Quellen gesammelt werden. Dieses Dokument sollte allen im Projekt Beteiligten zur Verfügung stehen und kann auch als Arbeitsdokument genutzt werden, in dem bestimmte Ergebnisse festgehalten oder erledigte Aufgaben dokumentiert werden. So haben alle Projektmitarbeiter stets einen guten Überblick über den Stand im Projekt, über erreichte Ziele, offene To-dos und den Zugriff auf alle relevanten Dokumente. Wenn möglich ist es ratsam, eine digitale Arbeitsumgebung zu schaffen, die ein gleichzeitiges Arbeiten in Dokumenten erlaubt (Shared Drive). So kann verhindert werden, dass Änderungen einer anderen Person versehentlich überschieben werden.

Beginnen sollte jedes Vorhaben mit einem sogenannten Kick-off-Meeting mit allen Projektmitarbeitenden.

Dieser beispielhafte Aufbau eines Plans zur Durchführung hat sich in der Praxis bewährt:

**Checkliste „Durchführungsplan“ :**

- Projekttitel
- Laufzeit
- Gesamtvolumen des Projekts in Euro
- Fördersumme in Euro
- Förderpartner
- Projektteam mit Aufgabenbezeichnung im Projekt, Kontaktdaten, Erreichbarkeiten
- Termine und Fristen
- Wichtige Förderbedingungen (Auszug aus der Bewilligung / den Förderbedingungen / Zusammenstellung der Dinge, die für alle relevant und zu beachten sind)
- Zweck und Ziele des Projekts (Auszug aus dem Antrag / der Bewilligung)
- ggf. Meilensteine
- wichtige Links:
  - zum vollständigen Antragstext
  - zur Dokumentation
  - zu den Vorlagen
  - zu Presse- und Bildmaterial
  - zu den Förderbedingungen
  - …
- Zeitplan und Verantwortlichkeiten (Tabelle)

Einige Tipps und Anmerkungen zu einzelnen Themen aus dieser Auflistung:

**Zeitplanung und Fristen**

Die meisten Fristen und Termine ergeben sich aus dem beantragten Projektplan und den Vorgaben des Förderpartners. Im Hinblick auf die Liquiditätsplanung der Organisation sollte unbedingt geprüft werden, ob die Mittelabrufe die rechtzeitige Zahlung der im Projekt anfallenden Verbindlichkeiten gewährleisten. Also sind die Mittel auf dem Konto, wenn die Zahlungen geleistet werden müssen? Oder kann die Organisation in Vorleistung gehen? Entsteht hier aufgrund der Vorgaben des Förderpartners ein Finanzierungsengpass für die Organisation, sollten veränderte Termine für die Mittelüberweisung vereinbart werden.

Hier empfiehlt sich wieder der direkte Dialog mit dem Förderpartner, um gemeinsam eine Lösung zu finden. Grundsätzlich gilt für Termine und Fristen: Sie gehören in einen für alle einsehbaren Kalender oder müssen auf andere Art kenntlich gemacht werden. Wenn der Durchführungsplan erstellt wird und sämtliche Termine und Fristen gesammelt werden, dann sollten diese direkt in ein Kalendertool übertragen werden (siehe auch Kapitel 4.1, S. 66ff.).

**Rollen, Verantwortlichkeiten und Teamstruktur**

Für die reibungslose und störungsfreie Umsetzung des Projekts sollten alle im Team die eigene Rolle kennen. Eine Person muss die Leitung übernehmen. Führungslose Teams ohne klare Aufgabenverteilung drohen in die Verantwortungsdiffusionsfalle zu geraten.[9] Für das Fördermittelmanagement ist es besonders wichtig, dass die anfallenden Aufgaben jeweils einer verantwortlichen Person zugeordnet werden, selbst wenn das Team größer ist. Den Hut kann immer nur eine Person aufhaben. Hierbei geht es um Themen wie Belegwesen, Dokumentation, Angebotsvergleiche, Preisrecherchen, Lohnbuchhaltung, Inventarisierung, Dokumentation der ehrenamtlichen Stunden, Öffentlichkeitsarbeit, Zielerreichung, Ausgabenplanung, Controlling und Kontakt zum Förderer.

**Kommunikation im Team**

Die besten Erfahrungen haben wir gemacht, wenn wir das gesamte Projektteam zu Beginn des Förderzeitraums zu einem Kick-off, einem Starttermin, zusammengerufen haben. Nicht vergessen: Legen Sie einen Moderator und eine Agenda für diesen und alle weiteren Termine fest. Vor diesem Termin sollten alle Mitarbeitenden die relevanten Unterlagen wie den Antrag und auch den angelegten Durchführungsplan zur Vorabdurchsicht per E-Mail erhalten.

Beim ersten gemeinsamen Termin wird nun der Durchführungsplan vorgestellt und an vielen Stellen gemeinsam befüllt. Gleichzeitig ist hier Raum, um sich über Verantwortlichkeiten und Rollenverständnis auszutauschen. Dieses erste Treffen ist auch von zentraler Bedeutung, um ein gemeinsames Verständnis für die Ziele und geplanten Maßnahmen im Projekt zu entwickeln. Nur wenn alle Projektbeteiligten das gleiche Verständnis für den Zweck und die Zielsetzung des Förderprojekts haben und wenn die Ziele möglichst präzise formuliert sind, ist auch die Leistungsmotivation hoch,[10] die den Erfolg des Vorhabens wahrscheinlicher macht.

---

9 Vgl. Darley, J. M./ Latané, B. (1968): Bystander intervention in emergencies. Diffusion of responsibility. Journal of Personality and Social Psychology, 8, S. 377–383.

10 Kohnke, O. (2000): Die Anwendung der Zielsetzungstheorie zur Mitarbeitermotivation und -steuerung. In: Zielvereinbarungen erfolgreich umsetzen. Wiesbaden, 2000, S. 37–39, Theorie nach Locke & Latham.

*Klare Agenda für das erste Meeting*

Das erste Meeting sollte einer klaren Agenda folgen und Raum für Fragen lassen. Ein wichtiger Punkt ist, sich im Team auf die weiteren Kommunikationskanäle und -wege zu einigen. In den meisten Organisationen gibt es neben dem klassischen E-Mail-Programm heute auch ein Angebot für einen geschlossenen Chatraum mit einzelnen Kanälen zu Themen, Teams oder Projekten. Wir empfehlen, für jedes größere Projekt einen solchen Kanal einzurichten, in dem dann alle Informationen strukturiert gesammelt werden und zeitnahe Updates möglich sind. Gleichzeitig bieten diese Programme auch weiterführende Angebote für anhängige Listen, Aufgabenzuweisung oder das Teilen von Dokumenten und Medien.

## Durchführungsplan: Bildungsinitiative „Hausaufgaben-Lotsen" in Bad Bevensen

| | |
|---|---|
| Bewilligungsdatum: | 13.02.2025 |
| Laufzeit: | 01.03.2025 - 28.02.2026 |
| Gesamtvolumen des Projektes in Euro: | 25.000 Euro |
| Fördersumme in Euro | 20.000 Euro |
| Eigenmittel: | 5.000 Euro |
| Förderpartner: | Stiftung Gleiche Chancen in Bildung |
| Förderkennzeichen/ Aktenzeichen: | AZ202425-12-CK |

**Projektteam**:

| | |
|---|---|
| Sabine Müller | Projektleitung, Visitenkarte / Urlaubskalender - Arbeitszeit: Mo-Do, 08.30 - 15.30 |
| Felix Schmidt | Lotsenkoordination, Visitenkarte / Urlaubskalender - Arbeitszeit: Mo-Fr, 08.30 - 13.00 |
| Henrike Meier | Schülerkoordination, Visitenkarte / Urlaubskalender - Arbeitszeit: Mo- Mi, 11.00 - 16.00 |

**Wichtige Termine & Fristen**

| | |
|---|---|
| 03.03.25 | Meeting Team Projektstart (Kick-off) |
| 25.03.25 | Mittelabruf 1 |
| 04.08.25 | Meeting Team Halbjahres-Check-in |
| 25.09.25 | Mittelabruf 2 |
| 30.09.25 | Zwischenbericht |
| 31.05.26 | Abschlussbericht |

**Wichtige Förderbedingungen**

- Lotsen müssen ein erweitertes Führungszeugnis vorlegen
- Maßnahmen müssen in Bad Bevensen stattfinden

**Zweck und Ziele des Projektes**

Im Laufe des Förderzeitraums sollen mindestens 25 Hausaufgabenlotsen gewonnen werden, die ein Trainingsprogramm durchlaufen und spätestens nach vier Monaten die ersten Hausaufgabenbetreuungen aufnehmen. Parallel sollen mindestens 40 Schülerinnen und Schüler gefunden werden, die Bedarf an Hausaufgabenhilfe haben. Ziel: Aufbau eines Netzwerkes aus freiwilligen Lotsen, welches über die Projektlaufzeit hinaus etabliert werden kann.

wichtige Links:
zum vollständigen Antragstext und zur Bewilligung
zu Vorlagen "Profilen der Lotsen"
zu den Förderbedingungen
Vorgaben zur Öffentlichkeitsarbeit

Zeitplan und Verantwortlichkeiten

| To Do | Outcome | Verantwortlich | Beteiligt | Links/ Dokumente | Frist | Erledigt am |
|---|---|---|---|---|---|---|
| alle wichtigen Termine in den Kalender | Kalender-einträge | S. Müller | - | | 15.03. | 15.03. ☑ |
| Mittelabruf erstellen und an Förderer senden | Erste Fördertranche auf dem Konto | S. Müller | Buchhaltung | Formular Mittelabruf | 25.03. | 23.03. ☑ |
| Presse-mitteilung zum | mit dem Förderer abgestimmter | F. Schmidt | Team | Logo Förderer, Vorlage Kommunikations | 01.04. | |

*Abbildung 5: Plan zur Projektdurchführung am Beispiel „Hausaufgabenlotsen" (Quelle: eigene Darstellung)*

## 5.3 Projektcontrolling: Tipps und Tools

Grundsätzlich möchten wir anregen, das gesamte Projektcontrolling vom ersten Projekttag an anzulegen und kontinuierlich durchzuführen. So sind alle Beteiligten aus allen Bereichen auf dem (tages)aktuellen Stand, was Projektmaßnahmen und Ausgaben angeht, können Prozesse effizient gestalten und entdecken Abweichungen vom Plan frühzeitig. Überdies spart es Zeit und Mühe bei der Erstellung von Zwischen- und Endverwendungsnachweisen, da alle Mitarbeitenden auf alle Unterlagen in geordneter Form zugreifen können und nicht mehr auf die Suche nach Belegen gehen oder eine Reise oder Anschaffung rekonstruieren müssen, die Monate zurückliegen. Der Sachbericht zählt augenscheinlich nicht unmittelbar zum reinen Fördermittelmanagement, allerdings ist ein (endgültiger) Verwendungsnachweis ohne einen Sachbericht in der Regel nicht vollständig. Daher werden wir im Folgenden einige Tipps sowohl für das sachlich-inhaltliche wie auch das geldliche Controlling vorstellen.

### *5.3.1 Sachlich-inhaltliches Controlling: Vorbereitung zum Sachbericht*

Das umzusetzende Projekt wird in der Regel mit verschiedenen Maßnahmen einhergehen, deren Durchführung der Gradmesser für den Erfolg des Vorhabens ist. Daher werden die durchgeführten Maßnahmen im Sachbericht dokumentiert und beschrieben.

*Vorlage erstellen*

Im ersten Schritt sollte zu Beginn des Förderzeitraums eine Vorlage oder Gliederung für den Sachbericht eingerichtet werden. Hierzu muss die Vorlage der Förderpartnerin verwendet werden. Sollte diese keine zur Verfügung stellen, kann ein Blankodokument mit folgender Struktur dienlich sein:

- Kurzzusammenfassung
- Maßnahmen/Ziele/Zielerreichung
- Abweichungen vom ursprünglichen Plan
- Ergebnisse und Wirkung
- Nachhaltigkeit und Ausblick
- Presse- und Öffentlichkeitsarbeit

*Verantwortliche benennen*

Je nach Aufgabenverteilung im Projektteam werden nun pro Kapitel und Thema Verantwortliche festgelegt, die im Projekt während der gesamten Laufzeit Ereignisse, Ergebnisse und Maßnahmen dokumentieren. So entsteht nach und nach ein vollständiger Sachbericht, der am Ende der Projektlaufzeit bereits alle relevanten Ereignisse und Ergebnisse enthält.

Diese Sammlung wird dann lediglich noch sprachlich vereinheitlicht und um etwaige Evaluationsergebnisse oder andere aktuelle Auswertungen ergänzt. In der Praxis hat es sich bewährt, in diesem Dokument zunächst die Antragstexte (insbesondere Ziele und geplante Maßnahmen) aufzuführen, um eventuelle Abweichungen schnell zu identifizieren und einen Soll-Ist-Vergleich formulieren zu können.

Einige Vorlagen von Förderpartnern sehen hier sogar eine Gegenüberstellung in Tabellen vor, die das Ziel, die Indikatoren, die Ergebnisse und einen Zielerreichungsgrad darstellen. Finden Sie eine Form, die es Ihnen zu jeder Zeit erlaubt, den aktuellen Zielerreichungsgrad ablesen zu können? Sind alle Maßnahmen erfolgt oder geplant? Sind die Teilnehmerzahlen erreicht oder zu erreichen? Ergeben sich während der Durchführung größere Abweichungen vom ursprünglichen Plan, muss Rücksprache mit dem Förderpartner gehalten werden.

Eindrückliche Erfahrungen zu diesen Fällen haben all diejenigen sammeln können, die ein Förderprojekt kurz vor Ausbruch der Coronapandemie begonnen haben. Hier waren die Einschnitte teils so gravierend, dass ein ganz neuer Plan mit den Mittelgebern erarbeitet werden musste, wie die angestrebten Ziele und Wirkungen auch unter Kontaktbeschränkungen erreicht werden können.

Beginnt man einen Sachbericht erst nach Ablauf eines Förderprojekts, kann es passieren, dass bereits so viel Zeit vergangen ist, dass sich einige Begebenheiten nicht oder nur noch schwer rekonstruieren lassen. Dies ist insbesondere der Fall, wenn die Projektlaufzeit länger ist oder aber Mitarbeitende und Ansprechpartner während des Projekts wechseln.

***Regelmäßiger Check***

Ebenfalls zu Beginn des Projekts verabredet sich das Team zu regelmäßigen Checks, bei denen die inhaltliche Zielerreichung besprochen und geprüft wird und die weiteren Maßnahmen geplant werden.

***Evaluation***

Jedes Projekt sollte auch immer in einer passenden Form evaluiert werden. Hierbei steht die Frage im Vordergrund, inwieweit die Projektziele erreicht wurden. Aber auch für die eigene Organisationsentwicklung ist es relevant, die Erkenntnisse über Wirkung, Learnings und mögliche Einbettung in Regelangebote aufzuzeichnen und im eigenen Unternehmen zu verwerten. Hierzu empfehlen wir, die Frage „Wie werten wir aus?" gründlich zu planen und in einem Evaluationskonzept festzuhalten.

Ist bspw. eine Befragung der Zielgruppe oder der Teilnehmenden ein wichtiger Baustein, so müssen ein geeigneter Fragebogen, eine Methode und Kapazitäten für die Auswertung bereitstehen. Einige Fördergeldgeber stellen sogar eigene Auswertungstools zur Verfügung, die zu festgelegten Zeitpunkten zum Einsatz kommen müssen. Wie bei allen anderen Aufgaben ist es hierbei ebenfalls ratsam, einen Mitarbeiterden aus dem Projekt dezidiert mit der Evaluation zu betrauen. Neben der Befragung können auch Methoden wie die M.E.A.L.-Strategie (siehe auch Kapital 3.3, S. 61) eine wertvolle Evaluation unterstützen. Tipp: Fragen Sie doch mal eine KI, welche Methode sich für Ihr Vorhaben besonders eignet.

***Zentraler Speicher- oder Ablageort***

Alle Projektdokumentationen wie Angebotsvergleiche, Pläne, Konzepte, Fotos und Grafiken sollten über die gesamte Projektdauer an einem zentralen Ablageort gesammelt werden. Hierbei empfiehlt es sich, etwaige Copyrightangaben im Dateinamen bereits mit in die Dokumentation und Sammlung aufzunehmen, um hier keine Verletzung zu begehen.

**Tipp:** Nach jeder erfolgten Projektmaßnahme (wie Veranstaltung, Workshop, Pressearbeit, Produktion etc.) schreiben die dafür zuständigen Projektmitarbeitenden kurze Texte über die entsprechende Maßnahme in den Sachbericht und legen die entsprechenden Dokumente ab.

*Dateinamenskonvention*

Insbesondere für die digitale Ablage sollten alle Dokumente, Tabellen, Grafiken und Medien in der Art und Weise benannt werden, die sie eindeutig dem Projekt zuordnen und wieder auffindbar machen. Dieser Punkt liest sich banal, ist aber ein echter „Gamechanger", der die Arbeit in der gesamten Organisation nachhaltig erleichtert, strukturiert und verbessert. Versprochen!

**Tipp:** Ein Vorschlag für eine derartige Benennung kann sein: JJJJ. MM_Förderkennzeichen_Projektname_Art des Dokuments, also: 202511_ZA08-573_Hausaufgabenlotsen_Schulungsinhalte.

**Checkliste „Digitale Ablage":**

- Vorlage für den Sachbericht anlegen und strukturieren (ggf. vom Fördermittelgeber bereitgestellt)
- Verantwortliche für Themen und Kapitel ernennen
- gemeinsamen Speicherort festlegen / Shared Drive
- alle relevanten Dokumente (Antrag, Bescheid, Vorlagen, Formulare) dort ablegen
- Dateinamenskonvention festlegen
- Evaluationskonzept aufsetzen, Befragungen und Auswertungszeiträume definieren

### *5.3.2 Finanzcontrolling: Vorbereitung auf den Verwendungsnachweis*

Auch bei der Verwaltung und dem Controlling der geldlichen Mittel sind eine klare Aufgabenverteilung und die regelmäßige Bearbeitung vom Projektstart an der Schlüssel zum Erfolg. Alle beschriebenen Prozesse dienen am Ende einer sachgerechten Buchführung und der Erstellung des Verwendungsnachweises (siehe auch Kapitel 6.2, S. 116f.). Auch hier variieren die Vorlagen verschiedener Förderpartner in Detailtiefe und Umfang. In aller Regel gibt es verschiedene Formulare und Vorlagen, z. B.:

- Formular „Verwendungsnachweis" (Formular mit einer Übersicht der Gesamtausgaben und -einnahmen (teilweise nach Kostenart))
- Belegliste
- Beiblatt „Personalkosten"
- Beiblatt „Sachkosten"

*Kosten auf Aktualität prüfen*

Am Anfang steht zunächst die Planung, wie die gesamte Mittelverausgabung durchgeführt werden soll. Grundlage hierfür ist der dem Antrag beigefügte Kosten- und Finanzierungsplan. Zwischen der Erstellung dieses Plans und der tatsächlichen Durchführung können oft viele Monate liegen. Als ersten Schritt empfehlen wir daher, sämtliche geplanten Kosten auf Aktualität zu prüfen; also zu prüfen, ob Kosten zu hoch oder zu gering angesetzt wurden oder ob sich eine Änderung in der Kostenstruktur abzeichnet.

**Achtung:** Viele der hier aufgeführten Fragen werden Ihnen im gesamten Projektverlauf immer wieder begegnen. Das skizzierte Vorgehen ändert sich nicht. Legen Sie bei der Ausgabenplanung fest, wann und wie häufig eine Überprüfung (Soll/Ist) sinnvoll und realistisch ist und wer diese verantwortlich durchführt. Schauen Sie nicht erst kurz vor Ablauf des Projekts wieder in die Finanzen. Vermerken Sie Fristen, To-dos und Verantwortlichkeiten im Durchführungsplan!

Außerdem sollte eine geeignete Vorlage erstellt werden, in der alle Projektkosten laufend erfasst werden. Es muss eine klare Aufgabenverteilung geben, wer die Positionen erfasst. Gleichzeitig ist es ratsam, regelmäßige Checks zu vereinbaren, bei denen die Verantwortlichen gemeinsam den Ist-Stand und den Plan für den weiteren Projektverlauf prüfen und besprechen. Diese Checks können, je nach Größe des Projektteams, auch mit den inhaltlichen Checks kombiniert werden. Es ist überdies absolut empfehlenswert, administrativ und inhaltlich verantwortliche Mitarbeit aktiv zu gestalten und eine Vereinbarung darüber zu finden, wie die Teams bestmöglich zusammenarbeiten und gemeinsam zum Erfolg des Projekts beitragen. Dafür können ebenfalls weitere Berichtslinien miteinbezogen werden: Wann werden der Vorstand, der Beirat, ein Aufsichtsgremium oder die Gesamtorganisation über den Projektverlauf informiert? Ein gut designtes und lückenloses Informations- und Wissensmanagement trägt maßgeblich zu einem erfolgreichen Projekt bei!

*Personalmittel*

**Prüfung etwaiger Abweichungen vom Plan:**

- Sind die im Projekt eingeplanten Mitarbeitenden in den ursprünglich geplanten Gehaltsstufen angestellt? Haben sich zwischenzeitlich Tarife, Steuersätze oder Sozialversicherungsbeiträge verändert, die eine Abweichung von den geplanten Kosten darstellen? Hinweis: Handelt es sich um Neueinstellungen, können die meisten Lohnbüros eine Vorausberechnung der Gehälter vornehmen (Arbeitgeberbrutto), sodass bereits zum Projektstart und vor dem ersten Gehaltslauf die exakte Höhe der Kosten ermittelt werden kann.
- Gibt es (inhaltliche) Veränderungen, die Auswirkungen auf die Höhe oder Struktur der geplanten Personalkosten haben können?

*Honorarkosten*

- Schreibt der Fördergeldgeber bestimmte Tagessätze für Honorarkräfte vor, so gilt zu prüfen, ob sich zu diesen Sätzen die gewünschten Experten und Honorarkräfte finden.
- Gibt es (inhaltliche) Veränderungen, die Auswirkungen auf die Kosten haben können?

*Sachmittel*

- Gab es zwischenzeitlich Preisveränderungen bei den Sachmitteln? Sind bspw. die Kosten für Bahntickets gestiegen oder wurden Preise geschätzt und weichen nach heutigem Stand ab?
- Gibt es (inhaltliche) Veränderungen, die Auswirkungen auf die Kosten haben können?

**Vorgehen bei festgestellten Abweichungen:**

In aller Regel hängt das Vorgehen vor allem von der Höhe der festgestellten Abweichung ab oder vom Grad der inhaltlichen Veränderung, die die Abweichung erfordert. Weichen die Kosten um wenige Euros ab, gibt es keinen Handlungsbedarf. Geringe Mehrkosten kann die Organisation in der Regel selbst ausgleichen oder dem Förderpartner einen Plan für eine kostenneutrale Veränderung vorlegen.

Führt eine Abweichung jedoch zu gravierenden Mehr- oder Minderkosten (höher als es die Förderbedingungen erlauben; siehe dazu auch Kapitel 4.1 „Mitteilungs-/Genehmigungspflichten") oder zu einer Veränderung bzgl. der Projektziele, so muss eine ausführliche Information an den Fördergeldgeber erfolgen und im gemeinsamen Gespräch geklärt werden, wie der Plan angepasst werden kann und darf. Unter Umständen kann es notwendig sein, dass die geförderte Organisation einen Änderungsantrag vorlegen muss und nach Prüfung ein angepasster Bewilligungsbescheid – ein sogenannter Änderungsbescheid – ergeht.

**Tipp:** Bewahren Sie die E-Mail-Korrespondenz mit dem Förderpartner zu diesen Themen auf und legen Sie die E-Mail-Dateien gut auffindbar in der Dokumentenablage für das Förderprojekt ab. Das hilft, später bestimmte Absprachen und Genehmigungen nachzuvollziehen und im Streitfall auch zu beweisen. Fertigen Sie kurze Protokolle über telefonische Absprachen an und verfahren Sie mit der Ablage gleichermaßen.

Bei erwartbaren Mehrkosten ist es unserer Erfahrung nach in den seltensten Fällen möglich, dass die Fördersumme durch den Fördermittelgeber nach erfolgtem Bewilligungsbescheid erhöht wird. Es ist aber möglich, die Eigenmittel zu erhöhen oder (eher selten) einen weiteren Partner zur Kofinanzierung hinzuzufügen.

Im Folgenden werden Lösungsansätze zu verschiedenen Szenarien der einzelnen Kostenarten vorgestellt:

**Fall 1: Personalkosten**

In einem Projekt stellt sich ein Bewerber vor, der alle Kompetenzen für die Stelle mitbringt und Sie überzeugt. Durch seine langjährige Berufserfahrung wäre er laut TV-L (an dem Sie sich orientieren) in der Stufe drei der vorgesehenen Gehaltsklasse zu vergüten. Ihr Projektplan (und damit die Bewilligung) hat jedoch die Stufe zwei derselben Klasse für diese Position vorgesehen. Es würden bei Einstellung Mehrkosten für diese Personalie entstehen.

Prüfen Sie zunächst, ob die zusätzlich benötigten Mittel in einem anderen Bereich reduziert werden können und wie eine Reduktion (z. B. bei den Sachmitteln) sich auf das gesamte Projekt auswirken würde. Kommen Sie zu dem Ergebnis, dass der Mehrwert der Einstellung der Person größer ist, müssen Sie als Nächstes prüfen, ob diese Veränderung in den Grenzen der erlaubten Kostenabweichung (z. B. 20 Prozent) liegt. Trifft das zu, können Sie diese Entscheidung ohne Rücksprache mit dem Fördergeldgeber treffen. Dokumentieren Sie diesen Vorgang und stellen Sie die Argumentationskette dar. Ist die Abweichung oder Umwidmung größer als erlaubt, müssen Sie diese vom Fördergeldgeber genehmigen lassen.

**Fall 2: Honorarkosten**

In einem Demokratieförderprojekt für Jugendliche sollen vor allem Medienkompetenz und Sicherheit im Erkennen von Fake News durch einen externen Medientrainer geschult werden. Hierfür haben Sie drei Tagessätze à 400 Euro eingeplant. Der angefragte Trainer ist so begeistert von Ihrem Projekt, dass er anbietet, die Seminare pro bono (ohne Honorar) zu halten.

Es werden Mittel frei. Prüfen Sie, ob ein weiteres Seminarangebot für die Jugendlichen ergänzt werden kann oder ob es andere Kostenpunkte gibt, für die Sie mehr Mittel benötigen. Übersteigen die frei werdenden Mittel die erlaubte Kostenabweichung nicht, so können Sie diesen Vorgang schlicht für den Sachbericht dokumentieren. Ist die Höhe der Umwidmung größer als erlaubt, müssen Sie sie vom Fördergeldgeber genehmigen lassen.

**Fall 3: Sachkosten**

In einem kleineren Förderprojekt war vorgesehen, dass eine Schulklasse aus Niedersachsen an einer Tagesveranstaltung teilnimmt. Hierfür wurden Verpflegungskosten für 25 Personen eingeplant. Es gibt nun aber großes Interesse von zwei weiteren Schulklassen, an der Veranstaltung teilzunehmen. Die Verpflegungskosten sind zu gering geplant.

Hier gilt es, abzuwägen, ob eine größere Teilnehmerzahl den Projektzielen und der erwünschten Wirkung dienlich ist. Ist die Antwort ja, sollte die Projektleitung einen Vorschlag erarbeiten, wie die zusätzlichen Kosten gedeckt werden können, und diesen dem Förderpartner zur Genehmigung vorlegen.

- Kostenneutrale Veränderung

  Andere Sachmittel können reduziert geplant werden (bspw. Material- und Druckkosten werden durch die Bereitstellung digitaler Unterlagen reduziert). Ein veränderter Kostenplan mit inhaltlicher Begründung wird mit dem Förderpartner geteilt und diskutiert. Am Ende steht eine formlose Genehmigung.

- Mehrkosten decken

  Die Mehrkosten können durch eine Erhöhung der Eigenmittel gedeckt werden. Hier lohnt es sich, nach lokalen Partnern zu suchen, die bereit sind, eine Spende zu den Eigenmitteln zu leisten.

Es ist aber auch legitim, bei der ursprünglichen Planung zu bleiben und das große Interesse für ein mögliches Folgeprojekt im Sachbericht zu erwähnen.

Der Zeitpunkt, an dem der Fördergeldgeber die Mittel zur Verfügung stellt, variiert stark von Partner zu Partner. In einigen Fällen kann der Gesamtbetrag bereits zu

Beginn des Projekts abgerufen werden, in anderen wird die Summe erst nach Projektabschluss zur Verfügung gestellt. Dies haben wir in der Machbarkeitsprüfung bereits für die Organisation kalkuliert.

*Liquidität und Mittelabrufe*

In der Durchführung müssen wir die Mittelverausgabung nun idealerweise monatsgenau planen und prüfen, ob durch Änderungen ein Engpass entstehen kann. Die meisten (öffentlichen) Förderungen sehen mehrmalige Mittelabrufe vor, die den Mittelbedarf von exakt zwei Monaten decken. Hier ist Planungsgeschick gefragt.

Wir empfehlen, die vorhersehbaren Fixkosten (insbesondere Personalkosten) in diesem Zwei-Monats-Rhythmus (Tipp: Termine zum Abruf in den Kalender eintragen!) abzurufen und für überschaubare, aber schwer planbare Sachkosten in Vorleistung zu gehen. Warum? Ruft man zu viele Mittel ab und verausgabt sie nicht in dem vorgegebenen Zeitraum, so muss man diese Mittel vorerst zurückgeben.

Aufseiten der Fördermittelgeber liegt das gesamte Projektbudget in einem extra Tropf, nur für uns. Aus diesem werden die Mittel ausgegeben und wieder zugeführt, wenn weniger Mittel benötigt wurden. Mit dem letztmöglichen Mittelabruf (Frist ist im Bewilligungsbescheid angegeben), können dann alle Restmittel eingeholt werden.

*Belegwesen*

In dem zu Beginn erstellten Controllingdokument erfassen die Verantwortlichen alle Ausgaben, die dem Projekt zuzuordnen sind. Hieraus entsteht eine sogenannte Belegliste. Es kann eine Vorlage des Fördergeldgebers geben, die dann natürlich verwendet werden sollte. Die Erfassung in einem Tabellenprogramm (bspw. Microsoft Excel, Google Sheets) ist unbedingt zu empfehlen. Nutzen Sie kein Textverarbeitungsprogramm für Zahlen! Niemals! In Tabellenprogrammen lassen sich Summen unmittelbar überprüfen und Änderungen werden automatisiert verrechnet. Stellt der Förderer ein PDF- oder Word-Dokument als Vorlage zur Verfügung, so kann man die Struktur und den Aufbau sehr einfach in einem Tabellenprogramm nachbauen. Vermeiden Sie unbedingt händisches Summieren.

Gibt es keine Vorlage, so hat sich diese Erfassungssystematik bewährt:

| Lfd. Nr. Beleg | Belegdatum | Belegnummer | Zahlungsempfänger | Kurzbeschreibung der Leistung | auf Projekt entfallender Betrag | Datum der Zahlung |
|---|---|---|---|---|---|---|

*Tabelle 2: Kopfzeile „Belegliste"*

Ein Beispiel für eine ausgefüllte Belegliste finden Sie in Abbildung 7 in Kapitel 6.2.

Generell gilt: Achten Sie auf eine übersichtliche Darstellung, auf eine chronologische Reihenfolge und auf eine eindeutige Beschreibung. Geben Sie das Förderkennzeichen und das Datum des Zuwendungsbescheids an. Ebenfalls hilfreich ist die Darstellung nach Kostenarten.

*Buchhaltung*

In der Buchhaltung werden die Originalbelege verwahrt und mit der entsprechenden Belegnummer versehen. Legen Sie sich eine eigene Ablage mit Kopien aller Belege an, die zu dem Projekt gehören. Notieren Sie auf allen Belegen das Förderkennzeichen. Diese Ablage wird regelmäßig und von Beginn an aktualisiert.

Wie und ob die Belege dem Förderpartner mit Einreichung des Verwendungsnachweises zur Verfügung gestellt werden müssen, ist sehr unterschiedlich. Einige Partner wünschen, alle Belege zu sehen und zu prüfen, inklusive der dazugehörigen Zahlungsbelege pro Kontobewegung. Andere wiederum möchten Stichproben einsehen und informieren Sie in der Prüfung, welche Belege vorgelegt werden sollen und in welcher Form. Mehr und mehr Förderpartner sind auf die digitale Bereitstellung der Unterlagen umgestiegen. Es gibt aber tatsächlich immer noch vereinzelte Partner, die eine Zusendung per Post wünschen.

*Digitale Erfassung*

Einige Förderpartner stellen eigene digitale Erfassungstools zur Verfügung. In diesen können Sie Ihre Unterlagen einsehen und Belege und Ausgabenpositionen hochladen. Wir empfehlen auch in diesem Fall die Anlage einer eigenen Belegliste. So haben Sie nicht nur einen guten Überblick, was hochgeladen werden muss, sondern auch ein Controllingtool für die Planung der Ausgaben. Mehr- oder Minderausgaben lassen sich so schnell erfassen und die Planung kann angepasst werden.

**Tipp 1:** Legen Sie für alle Projektmitarbeitenden Fristen für die Einreichung von Auslagen (bspw. Reisekosten) fest. So vermeiden Sie, dass Kosten zu spät erfasst werden oder sogar erst nach Projektende eingereicht werden. Denn Zahlungen nach Ablauf des Durchführungszeitraums können dem Projekt in der Regel nicht mehr zugeordnet werden.

**Tipp 2:** Dies gilt auch für Rechnungen von Dienstleistern, die insbesondere am Jahresende ggf. nicht mehr fristgerecht erstellt werden. Auch dann können sie dem Projekt nicht mehr zugeordnet werden. Legen Sie deshalb frühzeitig einen Termin für den Jahresendcheck (bzw. das Projektende) fest, der Ihnen ausreichend Zeit gibt, fehlende Belege einzusammeln und die Feiertage und Urlaubszeiten zu berücksichtigen. „Zwischen den Jahren" erreichen Sie in der Regel niemanden mehr.

Einige Förderpartner wollen auch Kontobelege zu den einzelnen Geldabgängen haben und prüfen. Also die Belege, die Sie bei Ihrer Bank über jeden einzelnen Vorgang erhalten. Ist dies der Fall, so ist es sehr hilfreich, wenn Sie eine Kennzahl oder ein Zeichen festlegen, die bzw. das bei jeder Überweisung im Verwendungszweck angegeben wird, die das Projekt betrifft.

*Preis- und Angebotsrecherchen*

Aus den Nebenbestimmungen und Förderbedingungen ergibt sich, wie und ob Angebots- und Preisvergleiche bei Käufen oder Beauftragung Dritter erforderlich sind. Stellt der Geldgeber hier keine Vorlage zur Verfügung, empfehlen wir auch hier die Erstellung einer eigenen Vorlage, die diese Aufgabe für die Projektmitarbeiter erleichtert und eine einheitliche Dokumentation sicherstellt. Wichtig ist, dass in einer entsprechenden Vorlage für den Fördergeldgeber übersichtlich erkennbar ist, welche Preisrecherchen durchgeführt oder Angebote eingeholt wurden und wie die Begründung für die schlussendliche Auswahl lautet. So kann er sehr übersichtlich prüfen, ob Sie die Mittel gewissenhaft, wirtschaftlich und sparsam eingesetzt haben.

**Preisermittlung Druckkosten Infobroschüre**

Datum der Recherche 15.04.2025

Preisvergleich

| Anbieter | Kosten f. 1.000 Stk. (netto) | Gesamtkosten (brutto) |
|---|---|---|
| Anbieter 1 | 1.076,38 € | 1.280,89 € |
| Anbieter 2 | 1.201,80 € | 1.430,14 € |
| Anbieter 3 | 1.390,49 € | 1.487,82 € |

**Entscheidung für das günstigste Angebot von Anbieter 1**
Preis final: 1.280,89 € für 1.000 Stk.

*Bildschirmfotos der Websites mit Preisangaben für das gewünschte Produkt von Anbieter 1, 2 und 3*

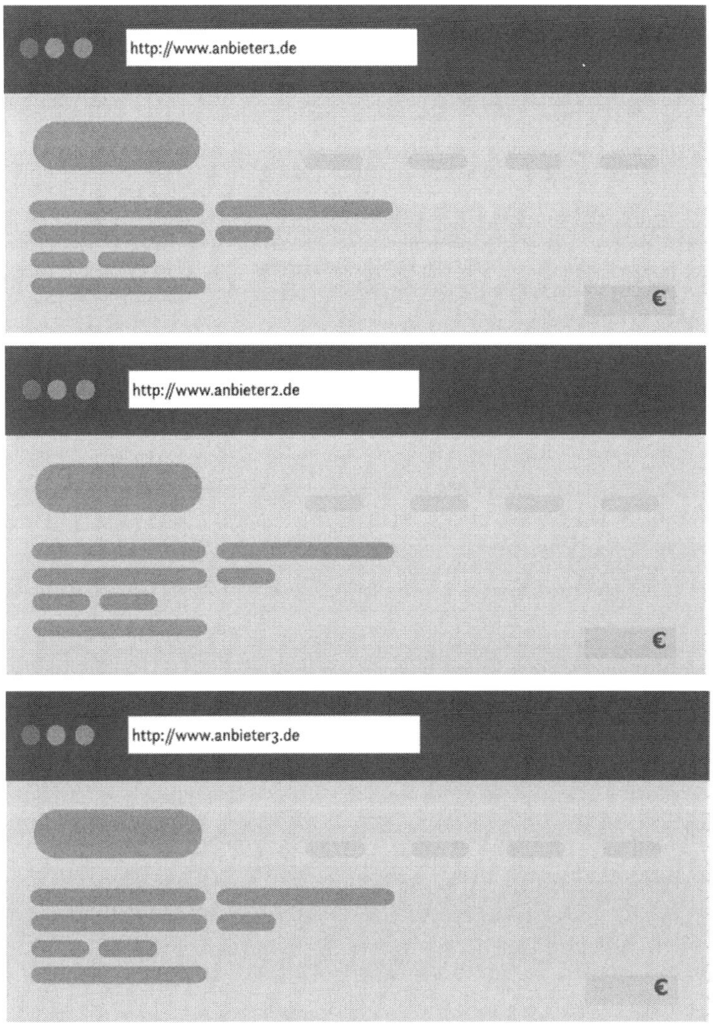


*Abbildung 6: Preisermittlung für die Druckkosten einer Infobroschüre (Quelle: eigene Darstellung)*

*Einsatz von Ehrenamt*

Hauptamtliche Mitarbeitende müssen ihre Arbeitszeit erfassen. Das ist gesetzlich vorgeschrieben. In einem Förderprojekt jedoch müssen auch die ehrenamtlichen Arbeitsstunden, die als fiktiver Wert und Eigenleistungen eingebracht werden, erfasst werden. Hierzu stellen einige Förderpartner Formulare zur Verfügung. In anderen Fällen muss man diese selbst erstellen.

Wichtig ist in jedem Fall, dass die geleisteten Ehrenamtsstunden, der Zeitraum der Erbringung und die Tätigkeit aufgelistet werden. Die ehrenamtliche Kraft muss diese Aufstellung unterzeichnen. Wie bei allen anderen vorgestellten Berichten und Dokumentationen ist es auch bei der Erfassung der Ehrenamtsstunden wichtig und ratsam, die Aufzeichnung von Beginn an einzurichten und die Engagierten immer wieder daran zu erinnern. Finden Sie einen Rhythmus, der gut zu Ihrem Vorhaben passt!

Geht es in Ihrem Projekt um die Ausrichtung einer einmaligen, großen Veranstaltung, auf der Ehrenamt zum Einsatz in der Gästebetreuung kommt? Dann ist es sicherlich hilfreich, die Formulare genau zu diesem Zeitpunkt ausfüllen und unterzeichnen zu lassen. Setzen Sie hingegen regelmäßig auf ehrenamtlich Mitarbeitende in Ihrem Projekt, in dem über einen längeren Zeitraum bspw. musikalische Impulse für an Demenz Erkrankte einer Pflegeeinrichtung angeboten werden, dann ist es ratsam, die Erfassung der eingesetzten Arbeitszeit der Freiwilligen z. B. monatlich zu überprüfen und diese daran zu erinnern. Stellen Sie sich vor, Sie sollen ehrenamtlich geleistete Stunden nach zwei Jahren Projektlaufzeit rekonstruieren! Das ist schlicht nicht möglich.

| Name, Vorname Mitarbeiter | Tätigkeit | Zeitraum | geleistete Stunden | Unterschrift |
|---|---|---|---|---|

*Tabelle 3: Kopfzelle „Dokumentation Ehrenamtsstunden"*

# Das Projektende

[Wahrscheinlich haben Sie richtig viel bewirkt.
Nun fehlt noch der Verwendungsnachweis.]

# 6. Abrechnung und Abschluss

Es ist vollbracht: Sie haben Ihr Förderprojekt erfolgreich zum Abschluss gebracht. Dies ist spätestens dann der Fall, wenn das Enddatum des Durchführungszeitraums erreicht ist. In den Förderbedingungen finden Sie die Information, bis wann Sie den sogenannten „endgültigen Verwendungsnachweis" einreichen müssen. Durch Ihre regelmäßige Dokumentation und Vorarbeit während des Projektes können Sie nun die geforderten Nachweise und Berichte aus Ihren Unterlagen zusammenstellen. Nicht selten kann Personal, das im Projekt eingesetzt war, über die Projektlaufzeit hinaus nicht gehalten werden. Das ist die Realität gemeinnütziger Organisationen, die mit zeitlich begrenzten Projektförderungen arbeiten. Stellen Sie also sicher, dass Sie alle Aufgaben für die Erstellung der Abrechnung ggf. neu verteilen und Verantwortliche festlegen.

Im Folgenden gehen wir auf verschiedene Bestandteile ein, die ein endgültiger Verwendungsnachweis umfassen kann. Was Sie zum Nachweis abgeben müssen, variiert stark von Mittelgeberin zu Mittelgeberin – sowohl in der Form als auch im gewünschten Detailgrad und Umfang.

### 6.1 Tätigkeitsberichte und -belege

Zweck des Sachberichts ist es, der Förderpartnerin einen guten Überblick über den Verlauf, die erfolgten Maßnahmen und die Erreichung der zuvor gesetzten Ziele im Projekt zu geben. Nochmals zur Erinnerung (aus Kapitel 5.3, S. 103f.): Folgende Struktur für einen Sachbericht empfehlen wir, wenn keine andere Struktur von der Förderpartnerin vorgegeben ist:

- Kurzzusammenfassung
- Maßnahmen/Ziele/Zielerreichung
- Abweichungen vom ursprünglichen Plan
- Ergebnisse und Wirkung
- Nachhaltigkeit und Ausblick
- Presse und Öffentlichkeitsarbeit

Sind Sie bisher dem vorgeschlagenen Vorgehen in diesem Buch gefolgt, so liegt Ihnen jetzt bereits ein Dokument in dieser Struktur vor, in dem alle Projektmitarbeitenden im Verlauf die einzelnen Bestandteile textlich dokumentiert haben. Dies gilt in der Regel nicht für die Bewertung der Zielerreichung. Diese können Sie nun aus den Dokumentationen, der Wirkungsmessung und den erfolgten Maßnahmen ableiten und formulieren. Die generellen Hinweise zu Länge, Struktur, Stil etc. entnehmen Sie bitte Kapitel 3.1 (S. 50ff.). Sie gelten gleichermaßen für das Schreiben des Antrags sowie für das Verfassen des Abschlussberichts. Wir haben im Folgenden Hinweise zu allen Bestandteilen zusammengetragen.

*Kurzzusammenfassung des Projekts*

Kurzzusammenfassung: Fassen Sie hier kurz die wesentlichen Projektinhalte, Ziele und das Ergebnis zusammen. Stellen Sie sich vor, dieser Text dient der Fördermittelgeberin für den eigenen Jahresbericht oder für einen Artikel über Ihr Projekt auf der Webseite der fördernden Organisation. Nutzen Sie Synergien, wenn Sie selbst einen Jahresbericht verfassen (z. B. den Tätigkeitsbericht für das Finanzamt) oder über das Projekt berichten wollen. Auch hier kann die Kurzbeschreibung dienlich sein. Eventuell können die Expertinnen für Öffentlichkeitsarbeit aus Ihrer Organisation an dieser Stelle miteinbezogen werden und unterstützen. Mit der Kurzbeschreibung erhält die Förderpartnerin also zunächst einen kompakten Überblick und wird auf die folgenden Inhalte eingestimmt.

*Maßnahmen/Ziele/Zielerreichung*

Nun folgt der beschreibende Teil Ihres Berichtes. Stellen Sie die Maßnahmen, die im Projekt erfolgt sind, klar strukturiert und chronologisch vor. Gehen Sie bei vielen Einzelmaßnahmen nicht auf jede Kleinigkeit ein, sondern beschreiben Sie lieber besondere Highlights ausführlicher. Trotzdem müssen alle Maßnahmen vollständig Erwähnung finden. Wie Sie die Zielerreichung darstellen, hängt stark von den Projektinhalten ab. In der Praxis variieren wir an dieser Stelle und suchen die übersichtlichste Form. Beispielsweise können die einzelnen, sehr unterschiedlichen Maßnahmen anhand der Ziele (aus dem Antrag) jeweils gesondert beschrieben und bewertet werden. Hierzu beschreiben Sie die Maßnahme und enden mit dieser Einordnung.

**Beispiel:**

[gekürzt]
Die Durchführung der Seminarreihe „KI in der Pflege" erfolgte an drei aufeinanderfolgenden Wochenenden im Juni 2025. Es nahmen insgesamt 18 Personen teil. [... Termine, Ort, Agenda, Bestandteile, etc.]

Ziele dieser Maßnahmen waren:

Vermittlung von Grundwissen und aktuellem Forschungsstand zum Einsatz von KI in der Pflege. Dieses Ziel wurde voll erreicht. [...] Aus der Befragung der Teilnehmenden ergibt sich dies ebenfalls. 98 Prozent der Befragten antworteten mit „ja" oder „eher ja" auf die Frage: „Das Seminar hat mir die wichtigsten Grundlagen und den aktuellen Forschungsstand des Einsatzes von KI in der Pflege vermittelt." Der Zielwert für diese Fragestellung waren 80 Prozent positive Einschätzungen.

Bei ähnlichen Maßnahmen lohnt es sich, eine Gesamtbewertung am Ende der Maßnahmenbeschreibung zu formulieren. In diesem Bestandteil des Sachberichts stellen Sie der Förderpartnerin dar, wie das Geld im Einzelnen verwendet wurde und welche Ziele zu welchem Grad erreicht wurden. Wenn möglich: Ergänzen Sie Ihren Bericht durch aussagekräftige Fotos (Achtung: Einwilligung zur Veröffentlichung der Fotos muss vorliegen!), Grafiken, Links, Zitate von Teilnehmenden (Achtung: Einwilligung zur Veröffentlichung muss vorliegen/ggf. Anonymisierung!) oder Screenshots.

*Abweichungen vom ursprünglichen Plan*

Beschreiben Sie etwaige Abweichungen. Wenn es keine gab, formulieren Sie auch das:

**Beispiel:**

Insbesondere bei der Durchführung der Seminarreihe „KI in der Pflege" haben wir die geplante Agenda nach dem ersten Teilnehmerfeedback um eine weitere Einheit zum Thema „Datenschutz und Ethik" ergänzt, da dies für die Zielgruppe von besonderer Wichtigkeit war und im geplanten Zeitrahmen nicht alle Fragen und Themen ausreichend diskutiert werden konnten. Um den geplanten Zeitrahmen einzuhalten, wurde ein Fallbeispiel nicht im Seminar besprochen, sondern digital nachgereicht.

**oder:**

Es haben sich keine Abweichungen vom oder Änderungen zum ursprünglichen Projektplan ergeben. Alle Maßnahmen wurden, wie im Antrag erdacht, durchgeführt.

*Ergebnisse und Wirkung*

Nehmen Sie an dieser Stelle eine Gesamtbewertung vor und beschreiben Sie die erzielte Wirkung. Welche Wirkung hatten Sie erwartet? Wo gab es Überraschungen? Wo ist die Wirkung wie eingetreten? Nutzen Sie hier vor allem die Daten aus der Evaluation und Wirkungsmessung und ziehen Sie ein Fazit bzgl. der Zielerreichung. Wenn möglich: Ergänzen Sie Ihren Bericht durch aussagekräftige Fotos (Achtung: Einwilligung zur Veröffentlichung muss vorliegen!), Grafiken, Links, Zitate von Teilnehmenden (Achtung: Einwilligung zur Veröffentlichung muss vorliegen / Anonymisierung!) oder Screenshots.

*Nachhaltigkeit und Ausblick*

Beschreiben Sie nun die nachhaltigen Aspekte, die sich durch die Wirkungsanalyse ergeben. Welche Auswirkungen wird das Projekt voraussichtlich in der Zukunft haben? Welche Folgemaßnahmen und -projekte sollten sich idealerweise anschließen? Welche nächsten Schritte planen Sie in Ihrer Organisation, bezogen auf das Projektergebnis? Welche Verwendung der Ergebnisse planen Sie oder empfehlen Sie der Förderpartnerin?

*Öffentlichkeitsarbeit*

Beschreiben Sie die Öffentlichkeitsarbeit, die im und für das Projekt erfolgt ist, und das Echo, das es dazu in den Medien gab. Bei Social-Media-Aktivitäten ist es darüber hinaus ratsam, Followerzahlen und/oder Reaktionen (Anzahl Likes, Anzahl und Tenor der Kommentare, Interaktionen) näher zu beschreiben, damit der Grad der Wahrnehmung des Projekts eingeschätzt werden kann. Wenn möglich: Ergänzen Sie Ihren Bericht durch aussagekräftige Fotos (Achtung: Einwilligung zur Veröffentlichung muss vorliegen!), Grafiken, Links, Zitate von Teilnehmenden (Achtung: Einwilligung zur Veröffentlichung muss vorliegen / Anonymisierung!) oder Screenshots.

*Weitere Berichte und Bestandteile*

Fügen Sie, falls gefordert oder aus Ihrer Perspektive sinnvoll, folgende Bestandteile hinzu:

- Belegexemplare wie Einladungen, Kampagnen, Artikel, Druckerzeugnisse, Plakate etc.
- textlicher Finanzbericht, in dem geldliche Abweichungen oder eine Gesamtbewertung der Projektverwaltung in finanzieller Hinsicht beschrieben werden
- einen ausführlichen und gesonderten Evaluationsbericht, in dem die gesamten Ergebnisse ihrer Analyse dargestellt werden (im Sachbericht werden Sie nur auf einige Aspekte eingehen können)

## 6.2 Finanzberichte und -belege

Für den Finanzbericht variieren die geforderten Daten, Formulare und Bestandteile stark. Einige Förderpartnerinnen wünschen sich eine sehr detailreiche Darstellung, andere wünschen sich genau das Gegenteil. Folgende Bestandteile können gefordert werden, teils in Eigenerstellung, teils durch das Verwenden von Vorlagen:

### *6.2.1 (Endgültiger) Verwendungsnachweis*

Jetzt kommen Ihnen alle Maßnahmen zugute, die Sie während der Projektdurchführung im Bereich „Fördermittelmanagement" getroffen haben. Grundlage für das Ausfüllen oder Erstellen des endgültigen Verwendungsnachweises ist das Dokument (die Tabelle), in der Sie alle Projektkosten laufend erfasst haben.

Der Verwendungsnachweis stellt die geplanten und tatsächlichen Ausgaben und Einnahmen gegenüber. Gibt es keine Vorlage der Förderpartnerin, ergänzen Sie den eingereichten Finanzplan aus dem Antragsverfahren um die Istwerte.

*Interner Prüfprozess*

Ist der Verwendungsnachweis erstellt oder ausgefüllt, starten Sie einen eigenen internen Prüfprozess. Lassen Sie Dritte folgende Dinge prüfen:

**Checkliste „Interner Prüfprozess":**

Sachliche Prüfung:

- Vollständigkeit der Kostenpositionen
- Vollständigkeit der Belege
- erkennbare Zuordnung zum Projekt
- Förderfähigkeit (sind alle Kosten tatsächlich auf die Förderung zurechenbar?)

Rechnerische Prüfung:

- Sind alle Kostenpositionen richtig übernommen?
- Sind alle Summen korrekt gebildet?
- Stimmen die prozentualen Anteile?

Ein Verwendungsnachweis ist nur dann vollständig, wenn Sie wie im Finanzplan auch die Einnahmenseite abbilden. Tragen Sie hier die Gelder ein, die Sie für das Projekt erhalten haben (inklusive des Eigenanteils). Verwaltungskostenpauschalen werden ohne Beleg oder durch Eigenbeleg erfasst.

*Mehrausgaben/ Minderausgaben*

Ist Ihre eigene interne Prüfung über die Richtigkeit des Verwendungsnachweises abgeschlossen, können Sie spätestens jetzt feststellen, ob sich etwaige Mehr- oder Minderausgaben bezogen auf die Fördermittel ergeben. Haben Sie nicht die gesamten Fördermittel verausgabt, so müssen Sie nicht verausgabte Mittel zurückzahlen. Zeigen Sie dies unbedingt unmittelbar bei der Förderpartnerin an und klären Sie zeitnah, wie der Prozess der Rückzahlung aussieht: Bis wann müssen die Mittel mit welchem Verwendungszweck auf welches Konto überwiesen werden? Überweisen Sie nie unabgesprochen Geld an Förderpartnerinnen zurück!

**Achtung:** Auch für überschüssige Mittel gilt die Verwendungsfrist (bspw. zwei Monate). Für zu spät erstattete Mittel können Zinsen fällig werden.

Haben Sie insgesamt mehr Geld verausgabt, als der Gesamtkostenplan vorgesehen hat, so besteht kein Handlungsbedarf. Diese Mehrausgaben erhöhen in der Regel Ihren Eigenanteil, Sie müssen also mehr Mittel selbst einbringen. Rechnerisch verringert sich die Förderquote (der Anteil, den die Fördermittelgeberin eingebracht hat) durch Mehrausgaben.

*Belegliste*

Die Belegliste ist eine Einzelauflistung aller Ausgaben (meist nach Kostenart), die wir in Kapitel 5.3 (S. 107) bereits vorgestellt haben. Hier haben Sie alle Rechnungen, Lohnjournale und andere Kaufbelege erfasst, die das Projekt betreffen. Einige Förderpartnerinnen verlangen die Einreichung von Belegkopien aller Belege, seltener die Einreichung aller Belege postalisch und/oder im Original. Hier stellen wir fest, dass immer häufiger nur noch Stichproben einzelner Belege nach erfolgter Prüfung eingefordert werden. An dieser Stelle sei noch einmal auf die Machbarkeitsprüfung (Kapitel 1.2, S. 17f.) verwiesen. Klären Sie den administrativen Aufwand vorab und einigen Sie sich mit der Förderpartnerin auf ein pragmatisches und realistisches Vorgehen.

*„Wir erleben allerdings auch, dass sich hier einiges tut. Wir können ins Gespräch gehen und an einigen Stellen halten Vereinfachung oder Digitalisierung Einzug. Es ist ja auch ein gemeinsamer Lernprozess und wir müssen derlei Dinge als Feedback an die Partner geben. Mit einigen konnten wir uns bspw. darauf verständigen, dass wir unseren Wirtschaftsprüfungsbericht einreichen. Oder neue Dinge ausprobieren, wenn es um den Sachbericht geht. Müssen es immer viele Seiten Text sein oder drehen wir vielleicht ein kurzes Video, das dann sogar noch für die Social-Media-Kanäle genutzt werden kann?!"*

*Rebecca Rank, Acker e. V.*

**Wichtig:** Sollten Sie Belege einreichen, die personenbezogene Daten (bspw. Lohnjournale) der Mitarbeitenden oder sensible Daten der Organisation (bspw. Kontoauszüge) enthalten, so müssen Sie diese unkenntlich machen (schwärzen).

Ergänzen Sie in der Belegliste nun die einreichende Organisation, Laufzeit, den Projekttitel und das Förderkennzeichen und listen Sie die Belege chronologisch auf:

| **Belegliste** | | | | | | |
|---|---|---|---|---|---|---|
| *Anlage zum Verwendungsnachweis vom TT.MM.JJJJ* | | | | | | |
| | | | | | | |
| Einreichende Organisation: | | | Beispiel e. V. | Zuwendungsbescheid vom 28.10.2024 | | |
| Förderkennzeichen: | | | ABC-123-XYZ | Durchführungszeitraum: | 01.12.2024–28.02.2025 | |
| | | | | | | |
| Lfd. Nr. Beleg | Belegdatum | Belegnummer | Zahlungsempfänger | Kurzbeschreibung der Leistung | auf Projekt entfallender Betrag | Datum der Zahlung |
| *Personalkosten* | | | | | | |
| 1 | 12.12.24 | 904 | Krankenkasse XY | Personalkosten Vorname Nachname | 188,30€ | 23.12.2024 |
| 2 | 12.12.24 | 912 | Vorname Nachname Mitarbeiterin | Personalkosten Vorname Nachname | 518,63€ | 27.12.2024 |
| 3 | 12.12.24 | 907 | Krankenkasse XY | anteilige Personalkosten Vorname Nachname | 738,65€ | 23.12.2024 |
| 4 | 12.12.24 | 935 | Vorname Nachname Mitarbeiterin | anteilige Personalkosten Vorname Nachname | 1.265,40€ | 27.12.2024 |
| 5 | 20.01.25 | 34 | Vorname Nachname Mitarbeiterin | Personalkosten Vorname Nachname | 1.242,62€ | 27.01.2025 |
| 6 | 20.01.25 | 35 | Vorname Nachname Mitarbeiterin | anteilige Personalkosten Vorname Nachname | 2.053,64€ | 27.01.2025 |
| 7 | 20.01.25 | 37 | Vorname Nachname Mitarbeiterin | anteilige Personalkosten Vorname Nachname | 2.307,96€ | 27.01.2025 |
| 8 | 20.01.25 | 46 | Vorname Nachname Mitarbeiterin | anteilige Personalkosten Vorname Nachname | 2.357,35€ | 27.01.2025 |
| 9 | 20.01.25 | 54 | Vorname Nachname Mitarbeiterin | anteilige Personalkosten Vorname Nachname | 2.355,91€ | 27.01.2025 |
| 10 | 20.01.25 | 56 | Vorname Nachname Mitarbeiterin | anteilige Personalkosten Vorname Nachname | 976,56€ | 27.01.2025 |
| 11 | 20.01.25 | 58 | Krankenkasse XY | anteilige Personalkosten Vorname Nachname | 1.048,07€ | 29.01.2025 |
| 12 | 20.01.25 | 61 | Krankenkasse XY | Personalkosten Vorname Nachname | 885,72€ | 29.01.2025 |
| 13 | 20.01.25 | 61 | Krankenkasse XY | anteilige Personalkosten Vorname Nachname | 122,55€ | 29.01.2025 |
| 14 | 20.01.25 | 100 | Steuerverwaltung XY | Personalkosten Vorname Nachname | 330,38€ | 13.02.2025 |
| 15 | 18.02.25 | 125 | Krankenkasse XY | Personalkosten Vorname Nachname | 885,72€ | 26.02.2025 |
| 16 | 18.02.25 | 125 | Krankenkasse XY | anteilige Personalkosten Vorname Nachname | 171,68€ | 26.02.2025 |
| 17 | 18.02.25 | 136 | Vorname Nachname Mitarbeiterin | Personalkosten Vorname Nachname | 1.244,12€ | 27.02.2025 |
| 18 | 18.02.25 | 137 | Vorname Nachname Mitarbeiterin | anteilige Personalkosten Vorname Nachname | 2.293,98€ | 27.02.2025 |
| 19 | 18.02.25 | 139 | Vorname Nachname Mitarbeiterin | anteilige Personalkosten Vorname Nachname | 2.307,96€ | 27.02.2025 |
| 20 | 18.02.25 | 140 | Vorname Nachname Mitarbeiterin | anteilige Personalkosten Vorname Nachname | 2.024,63€ | 27.02.2025 |
| 21 | 18.02.25 | 149 | Vorname Nachname Mitarbeiterin | anteilige Personalkosten Vorname Nachname | 2.376,67€ | 27.02.2025 |
| 22 | 18.02.25 | 157 | Vorname Nachname Mitarbeiterin | anteilige Personalkosten Vorname Nachname | 2.491,67€ | 27.02.2025 |
| | | | | ***Zwischensumme Personalkosten*** | ***30.188,17 €*** | |
| *Honorarkosten* | | | | | | |
| 23 | 17.02.2025 | 110 | Referent | Workshop zum Thema XY | 150,00 € | 18.02.2025 |
| | | | | ***Zwischensumme Honorarkosten*** | ***150,00 €*** | |
| *Sachausgaben Präsenzworkshops/Projekttreffen* | | | | | | |
| 24 | 31.01.2025 | 77 | Vorname Nachname Mitarbeiterin | Fahrtkosten von X nach Y am TT.MM.JJ, Veranstaltungsbezeichnung, Verkehrsmittel | 147,78 € | 03.02.2025 |
| 25 | 31.01.2025 | 77 | Vorname Nachname Mitarbeiterin | Fahrtkosten von X nach Y am TT.MM.JJ, Veranstaltungsbezeichnung, Verkehrsmittel | 127,05 € | 03.02.2025 |
| 26 | 31.01.2025 | 77 | Vorname Nachname Mitarbeiterin | Fahrtkosten von X nach Y am TT.MM.JJ, Veranstaltungsbezeichnung, Verkehrsmittel | 148,36 € | 03.02.2025 |
| 27 | 13.02.2025 | 102 | Vorname Nachname Mitarbeiterin | Fahrtkosten von X nach Y am TT.MM.JJ, Veranstaltungsbezeichnung, Verkehrsmittel | 35,11 € | 14.02.25 |
| 28 | 13.02.2025 | 102 | Vorname Nachname Mitarbeiterin | Fahrtkosten von X nach Y am TT.MM.JJ, Veranstaltungsbezeichnung, Verkehrsmittel | 35,11 € | 14.02.2025 |
| 29 | 13.02.2025 | 102 | Vorname Nachname Mitarbeiterin | Fahrtkosten von X nach Y am TT.MM.JJ, Veranstaltungsbezeichnung, Verkehrsmittel | 57,60 € | 14.02.2025 |
| 30 | 13.02.2025 | 102 | Vorname Nachname Mitarbeiterin | Übernachtungskosten von X nach Y am TT.MM.JJ, Veranstaltungsbezeichnung | 58,32 € | 14.02.2025 |
| 31 | 13.02.2025 | 102 | Vorname Nachname Mitarbeiterin | Übernachtungskosten von X nach Y am TT.MM.JJ, Veranstaltungsbezeichnung | 88,00 € | 14.02.2025 |
| 32 | 14.02.2025 | 106 | Vorname Nachname Mitarbeiterin | Fahrtkosten von X nach Y am TT.MM.JJ, Veranstaltungsbezeichnung, Verkehrsmittel | 40,58 € | 17.02.2025 |
| 33 | 14.02.2025 | 106 | Vorname Nachname Mitarbeiterin | Fahrtkosten von X nach Y am TT.MM.JJ, Veranstaltungsbezeichnung, Verkehrsmittel | 159,01 € | 17.02.2025 |
| 34 | 14.02.2025 | 107 | Vorname Nachname Mitarbeiterin | Fahrtkosten von X nach Y am TT.MM.JJ, Veranstaltungsbezeichnung, Verkehrsmittel | 128,40 € | 17.02.2025 |
| 35 | 14.02.2025 | 107 | Dienstleister/Anbieter | Beschreibung der Dienstleistung / des erworbenen Sachmittels | 105,05 € | 17.02.2025 |
| 36 | 28.02.2025 | 115 | Dienstleister/Anbieter | Beschreibung der Dienstleistung / des erworbenen Sachmittels | 495,00 € | 24.02.2025 |
| 37 | 28.02.2025 | 116 | Dienstleister/Anbieter | Beschreibung der Dienstleistung / des erworbenen Sachmittels | 1.200,00 € | 24.02.2025 |
| 38 | 25.02.2025 | 128 | Vorname Nachname Mitarbeiterin | Fahrtkosten von X nach Y am TT.MM.JJ, Veranstaltungsbezeichnung, Verkehrsmittel | 109,39 € | 27.02.2025 |
| 39 | 28.02.2025 | 158 | Dienstleister/Anbieter | Beschreibung der Dienstleistung / des erworbenen Sachmittels | 628,70 € | 28.02.2025 |
| | | | | ***Zwischensumme Sachausgaben*** | ***3.563,46 €*** | |
| | | | | | | |
| Zwischensumme Personalkosten | | | | | 30.188,17 € | |
| Zwischensumme Honorarkosten | | | | | 150,00 € | |
| Zwischensumme Sachausgaben | | | | | 3.563,46 € | |
| Verwaltungskostenpauschale (10 %) | | | | | 3.390,16 € | |
| **GESAMT** | | | | | **37.291,79 €** | |

*Abbildung 7: Ausgefüllte Belegliste (Quelle: eigene Darstellung)*

*Kontobelege/ Zahlungsbelege*

Entweder bei Vorlage aller Belege oder auch bei der Anforderung von Stichproben in der Prüfung durch die Fördermittelgeberin kann diese ergänzend zu den Belegkopien auch die Vorlage der entsprechenden Zahlungsbelege pro Beleg anfordern. Hierbei handelt es sich um einen Beleg der tatsächlichen Kontobewegung. Diese Kontobelege erhalten Sie bei Ihrer Bank (im Onlinebanking). Dort können Sie sich einzelne Transaktionen anzeigen lassen und den Beleg dazu als PDF herunterladen. Achten Sie sowohl bei der Speicherung der Belege als auch bei der Speicherung des Zahlungsbelegs (der Kontobewegung) auf die Benennung der Datei. Der Dateiname sollte die Belegnummer, das Förderkennzeichen und die Belegart (Beleg vs. Kontobeleg) enthalten, sodass die Zuordnung unmittelbar ersichtlich ist und die Prüfung erleichtert wird.

*Dokumentation der Preisermittlung*

Die Dokumentation der ermittelten Preise bei Angebotsvergleichen kann ebenfalls Teil des geldlichen Nachweises sein. Prüfen Sie, ob bei allen Beauftragungen eine entsprechende Dokumentation vorliegt (siehe Kapitel 5.3, S. 111).

*Stundennachweise Ehrenamt*

Auch Stundennachweise für den Einsatz ehrenamtlicher Kräfte können Teil der Abschlussberichte sein. Prüfen Sie, ob alle für den nichtgeldlichen Anteil erforderlichen Stunden und Einsätze dokumentiert sind und die ehrenamtlichen Kräfte ihre Einsätze durch Unterschrift bestätigt haben (siehe Kapitel 5.3, S. 112).

## 6.3 Projektabschluss im Team

Zu einem vollständigen Projektabschluss gehört auch ein Wissenstransfer der Erkenntnisse und Wirkung aus dem Projekt in die eigene Organisation. Wir empfehlen Ihnen einen Abschluss des Projekts durch ein Review-Meeting mit allen am Projekt Beteiligten. In dieses Meeting können Sie eine Projektkritik einbauen. Was lief gut, was wollen wir zukünftig anders machen? Es sollte aber auch unbedingt um die Frage gehen, was aus dem Projekt folgt. Welche Auswirkungen haben die Ergebnisse auf die Arbeit der Organisation? Welche anderen Teams und Bereiche müssen an den Erkenntnissen beteiligt werden? Wie wird das erlangte Wissen in die Organisation getragen, aufbereitet, gesichert und für kommende Projekte oder das Regelangebot berücksichtigt?

## 6.4 Prüfung

Nachdem Sie alle Berichte und Dokumentationen, Belege und Belegexemplare an die Förderpartnerin übermittelt haben, wird diese eine Prüfung der Unterlagen einleiten. Während der Prüfung kann es zu Rückfragen oder auch zur Anforderung von Stichproben (Belegen) oder weiteren Unterlagen kommen. Je nach fördernder Institution kann diese sehr schnell, also innerhalb weniger Wochen, oder erst sehr viel später nach Projektabschluss erfolgen. Es gibt Förderungen, deren Prüfergebnis wir erst Jahre später erhalten haben. Für alle Belege und Buchführungsdokumente gelten gesetzliche Aufbewahrungsfristen. Wir empfehlen an dieser Stelle, eine Projektabrechnung so aufzubewahren, dass alle zugehörigen Unterlagen durch Dateinamen, Dateiordner oder physische Ablage gesammelt und gut auffindbar aufbewahrt werden. Stellen Sie ebenfalls sicher, dass eine Ansprechperson für Rückfragen benannt und informiert ist. Es ist gut möglich, dass die im Projekt beteiligten Personen nicht mehr in Ihrer Organisation arbeiten. In diesem Fall sollten Sie eine Übergabe organisieren. Ein Projekt ist abgeschlossen, wenn Sie die schriftliche Information durch die Fördergeldgeberin über die erfolgreich abgeschlossene Prüfung erhalten.

# 7. Ausblick

Am Ende dieses Buchs haben Sie nun einmal in jede Phase der Drittmittelprojektarbeit geschaut und Hinweise, Tipps und Anleitungen zum Thema „Fördermittelmanagement" erhalten. In unseren Gesprächen mit den Expertinnen und Experten auf Geber- und Nehmerseite haben wir vor allem festgestellt, dass sich die Themen und Fragen auf beiden Seiten oft ähneln und Wünsche und Bedürfnisse nicht weit auseinanderliegen. Alle eint der Wunsch nach Vereinfachung, Vertrauen und Sicherheit. Sowohl bei der Antragstellung als auch bei der Durchführung, Dokumentation und Abrechnung.

Soziale Organisationen verbessern das Miteinander und den gesellschaftlichen Zusammenhalt, nehmen sich gesellschaftlicher Probleme an, gestalten gesellschaftliche Veränderungen mit und leisten Hilfe zur Selbsthilfe. Um in ihren Feldern effizient und zielgerichtet wirken zu können, brauchen sie Drittmittel. Diese Gelder müssen zugänglich und risikoarm administrierbar sein.

Förderpartnerinnen und -partner wollen diese Mittel zur Verfügung stellen. Sie brauchen Sicherheiten, dass Förderungen sorgsam verwaltet und Gelder effizient und wirkungsvoll eingesetzt werden.

Was könnte also ein Rezept für gelungene Förderungen im dritten Sektor sein? Welche Veränderungen sind notwendig, um Fördermittelmanagement und Drittmittelverwaltung auf beiden Seiten zielgerichtet und effizient einzusetzen und die volle Konzentration auf die inhaltliche Arbeit, Ergebnisse und gemeinsame Ziele zu legen?

- Gemeinsame Ziele in den Mittelpunkt stellen: Die Einigung auf ein gemeinsames Ziel muss die Grundlage für Fördervereinbarungen sein. Die Parteien einigen sich idealerweise auf eine gewünschte Wirkung und ein Outcome, die sie für eine bestimmte Gruppe erreichen wollen. Der Weg dorthin muss flexibel und partnerschaftlich gestaltet werden.
- Hürden abbauen – Transparenz schaffen: Wenn wir Bürokratie reduzieren, Prozesse vereinfachen (digitalisieren!) und gleichzeitig eine gute Kommunikation sowie wirkungsorientierte Anträge und Berichte fokussieren, schaffen wir Raum für Innovation und Gestaltung und gleichzeitig Transparenz und Sicherheit für beide Seiten.

So entstehen gegenseitiges Vertrauen und partnerschaftliche Zusammenarbeit für ein gemeinsames Ziel.

Wir schauen gespannt darauf, welche (strukturellen) Veränderungen die Förderlandschaft in den nächsten Jahren prägen werden. Bis dahin möchten wir Ihnen viel Erfolg für Ihre gemeinnützige Arbeit wünschen! Nur Mut! Mit den richtigen Tipps, einer guten Struktur und durchdachten Prozessen sind Sie bestens aufgestellt, um professionelles Fördermittelmanagement zu betreiben.

In Kapitel 8 haben wir Ihnen abschließend eine Auswahl der geführten Gespräche zusammengestellt.

# 8. Interviews

Wir durften viele hilfreiche und inspirierende Gespräche mit Menschen mit unterschiedlichen Perspektiven auf das Thema Fördermittelmanagement führen. Einen Teil dieser Gespräche möchten wir an dieser Stelle, inhaltlich sortiert, teilen.

## 8.1 Interview mit Harald Maas

*Koordinierungs- und Fachstelle der Partnerschaft für Demokratie der Stadt Göppingen, in Trägerschaft der BruderhausDiakonie*

Interviewt am 22.04.2025 von Sarah Hüttenberend

*Sarah Hüttenberend: Wie schön, dass du dir Zeit nimmst! Könntest du als Erstes einmal beschreiben: Was ist deine Rolle? Was hast du mit Fördermitteln zu tun?*

Harald Maas: Ich bin zum einen Bereichsleiter bei einem Jugendhilfeträger für offene und mobile Jugendarbeit der BruderhausDiakonie im Landkreis Göppingen. Das ist der kleinere Teil meines Arbeitsauftrags. Der größere Teil ist die Koordinierungs- und Fachstelle der Partnerschaft für Demokratie der Stadt Göppingen. Aus Perspektive des Jugendhilfeträgers bin ich also in vielerlei Hinsicht Fördermittelnehmer und zwar von sehr regelhaften Zuschüssen bis hin zum eher klassischen Fundraising: Spenden, Stiftungsgelder mit ganz unterschiedlichen Rahmenbedingungen. Als Partnerschaft für Demokratie [*PfD, Anmerkung der Autorinnen*] schaue ich auf beide Perspektiven: Die PfD bekommt Fördermittel vom Bund und gibt einen Teil davon über den Aktionsfonds an lokale Vereine und Initiativen weiter – ist also Fördermittelgeber. Beispielsweise bin ich als KuF (Koordinierungs- und Fachstelle) da in einer Zwischenrolle, weil die Kommune den Zuwendungsbescheid ausstellt und den Verwendungsnachweis prüft.

*SH: Unterliegst du als Vertreter von Partnerschaft für Demokratie ähnlichen Bedingungen für die Förderung vom Bund wie die Projekte, die durch dich Fördermittel bekommen?*

HM: Ja, eigentlich schon. Also die ANBest als Rechtsgrundlage für die Fördermittel, die gelten. Es gibt eine Variante für Kommunen und es gibt eine Variante für Projektträger, aber im Großen und Ganzen steht da das Gleiche drin. Die Regularien geben wir im Prinzip nur weiter. Letztendlich ist es so: Wir arbeiten uns ein in die Förderbedingungen, machen da unsere Lernerfahrungen und geben das dann an die Projektträger weiter. Und zwar formal im Zuwendungsbescheid der Stadt, aber in meiner Rolle noch wichtiger: in Form von Beratung und praktischen Tipps.

*SH: Lass uns direkt einsteigen. Was sind deine top Learnings?*

HM: Mir fällt immer wieder auf, dass deutlich weniger verschriftlicht und reguliert ist, als man sich das eigentlich denkt. Ein klassisches Beispiel dafür ist die Frage, inwieweit Lebensmittel innerhalb von Projekten abrechenbar sind. Hier verändern sich auch die Vorgaben im Bundesprogramm im Lauf der Jahre und vieles ist vom Kontext bzw. auch von den jeweiligen Programmberaterinnen und -beratern abhängig.

*SH: Wir kennen das auch, dass Auslegungen sehr personenabhängig sein können. Hast du noch andere Punkte, die du in dieser Vermittlerrolle gelernt hast?*

HM: Ich glaube, dass eine Struktur mit Personen vor Ort wichtig ist – wie bei uns die Koordinierungs- und Fachstellen. Denn manchmal gibt es eine große Distanz zwischen Verwaltungen und denen, die mit den Fördermitteln arbeiten. Was sind denn die praktischen Zwänge, mit denen so ein kleiner Verein, wenn er mit Fördermitteln umgeht, zu tun hat? Als Verwaltung geht man da oft mit einem sehr kritischen, formalen Blick rein. Die ordnungsgemäße Verwendung steht da selbstverständlich im Mittelpunkt des Interesses. Und selbstverständlich will man auch Missbrauch verhindern. Wenn man aber selbst in der Situation des Fördermittelnehmenden ist, dann geht man eher mit dem Blick rein: Warum machen die denn das so? Ein Beispiel: „Einen Kassenzettel einzureichen, kann ja nicht so schwierig sein." Ist es für den Verein XY aber in der Praxis oft tatsächlich doch. Und je kleiner die Vereine sind, desto schlimmer wird es, weil ja der arme Kassenwart schon mal hinterherrennen muss, dass ihm die Dame, die jetzt für dieses Frühstück zuständig war, den Kassenzettel abgibt. Dann hat sie ihn nicht mehr, dann muss sie wieder hinterherrennen. Das ist für den Verein ein Riesenaufwand. Da ein Verständnis dafür zu haben, dass es sehr unterschiedliche Arten von Professionalität gibt bei den Vereinen, das ist ein wichtiger Punkt. Das ändert dann zwar nichts an der Tatsache, dass der Kassenzettel am Ende eben doch eingereicht werden muss, aber es erleichtert zumindest die Zusammenarbeit und hilft bei der Beratung.

*SH: Was kann deiner Meinung nach helfen, diese Lücke zu überbrücken, wenn man nicht beide Seiten kennt?*

HM: Gerade kleineren Vereinen, die seltener mit Zuschüssen umgehen, hilft es, auch die andere Perspektive zu sehen: Es sind halt öffentliche Gelder; es ist nichts Geschenktes, mit dem ihr hier umgeht. Sondern es sind Steuermittel, die mit sehr engen Grenzen vergeben werden. Und die Überschrift, die da überall drübersteht, ist: „Notwendigkeit und Wirtschaftlichkeit". Das heißt in der Beratung von Vereinen z. B. ganz banal: Wenn ihr durch die Metro geht und Ketchup für die Ferienfreizeit kauft, dann kann ich den Impuls, sicherheitshalber einfach mehr zu kaufen, total verstehen. Aber macht euch doch bitte Gedanken, ob ihr wirklich mehr braucht oder ob es nicht sinnvoller wäre, sparsam einzukaufen und im Zweifelsfall lieber noch mal zu gehen. Wir [als Jugendhilfeträger] sind ja da einigermaßen professionell aufgestellt und haben die entsprechende Fachabteilung. Der Verein XY hat das nicht. Mittlerweile weiß ich, wo ich in meiner Beratung genau diesen Punkt auch aufnehmen und sagen muss: Seid vorsichtig! Es ist nicht euer Geld! Auch wenn es in dem Moment auf eurem Konto ist, es gehört euch erst dann, wenn der Verwendungsnachweis abgeschlossen ist. Ihr müsst wirtschaftlich und sparsam damit umgehen und ihr müsst genau nachweisen, für was ihr es ausgegeben habt.

Diese Perspektive auch mit einzubringen, das ist wichtig und ich würde, wenn die Möglichkeit besteht, mein Personal zu dem Thema qualifizieren.

*SH: Was sind denn die Punkte, auf die du als Fördermittelgeber achten musst? Woran bist du gebunden?*

HM: Der Projektbezug ist mit Sicherheit das Erste, was im Verwendungsnachweis geprüft wird. Das ist auch das, was gerade bei kleineren Vereinen manchmal fehlt. Wenn ich dann den Supermarktbeleg habe, ist klar: Die Ketchupflaschen haben einen Projektbezug, weil die Kinder Ketchup zu ihren Pommes essen. Aber bei dem Deo drei Zeilen weiter unten ist es schon relativ schwierig, zu begründen, warum das einen Projektbezug hat. Wahrscheinlich ist es auf dem Kassenzettel gelandet, weil man an der Kasse nicht daran gedacht hat, dass dies ein Privatkauf ist. Da wollte niemand betrügen. Das wird nachher rausgestrichen. Der Projektbezug ist ja immer noch relativ deutlich zu bewerten – auch über Nachfrage [Warum habt ihr Deo gekauft?] recht einfach zu klären. Die Wirtschaftlichkeit und die Sparsamkeit sind schon deutlich schwieriger. Aber trotzdem müssen wir darauf schauen. Wenn wir es nicht tun, wird es die nächste Ebene tun und bei uns nachfragen.

*SH: Das heißt, du schaust in der Projektbegleitung darauf: Wurde mit dem Geld das gemacht, was wir abgesprochen haben und wurde es auf eine nachvollziehbare wirtschaftliche, sparsame Art und Weise getan. Also: Wurde verantwortungsvoll mit den Geldern umgegangen? Was hilft, dass du eine positive Grundhaltung einem Fördermittelnehmer gegenüber hast?*

HM: Ich glaube, dass es tatsächlich hilfreich ist, wenn Fördermittelnehmer unterjährig in die Kommunikation gehen. Wir sind für die Beratung da und ansprechbar und man könnte ja fragen: „Könnte ich ein Deo abrechnen?" Das machen viele sehr gründlich und dann schon fast wieder zu viel. Wo ich dann sage: „Ihr müsst jetzt nicht jede einzelne Ausgabe hier mit mir abklären." Es gibt aber auch Projekte, von denen hört man das ganze Jahr über nichts. Und da ist die erste Variante mit Sicherheit deutlich geeigneter, dass der Verwendungsnachweis wohlwollend geprüft wird.

*SH: Wie findet man heraus, was für das Gegenüber genau die richtige Menge an Kommunikation ist?*

HM: Letztendlich hat das, wie immer in der Kommunikation, etwas mit Geben und Nehmen zu tun. Dann ist das mein Job, zu sagen: „Es ist gut, dass du anrufst, aber das musst du nicht machen." Und es funktioniert natürlich auch dann immer besser, wenn man öfter miteinander zu tun hat. Bei einer einmaligen Zusammenarbeit ist klar, dass die Lernkurve relativ begrenzt ist. Ich würde auf jeden Fall raten, die Beratungsmöglichkeiten, die in verschiedenen Projekten vorhanden sind, auch zu nutzen, wenn man Fragen hat. Grundsätzlich sitzen auf der Geberseite erst mal wohlwollende Leute. Eine Nachfrage zeigt mir: Ich kümmere mich. Was schlecht ankommt, ist, wenn man von einem Projekt nie etwas hört und dann einen unvollständigen, schlampigen Verwendungsnachweis erhält. Das ist dann eine schwierige Ausgangssituation.

*SH: Wann macht dir eine Zusammenarbeit mit einem Förderprojekt besonders Spaß?*

HM: Wenn man miteinander in Kommunikation ist. Also wenn ich mitbekomme, was gerade passiert. Das macht dann noch mal deutlich mehr Spaß. Und wenn man auf Augenhöhe zusammenarbeitet. Wir beantragen selbst Fördermittel und ich weiß, es ist nicht immer die allerliebste Aufgabe, Berichte und Verwendungsnachweise zu schreiben. Aber auf der anderen Seite bekommt jemand die auf seinen Schreibtisch und muss damit arbeiten. Wenn die Unterlagen schlampig und nicht vollständig sind, ist das für mich eine Form von Respektlosigkeit. Wenn dann auf Nachfrage immer noch keine ordentliche Antwort kommt oder mein Gegenüber genervt ist – auch das buche ich persönlich relativ schnell als Respektlosigkeit ab.

*SH: Wo werden deiner Erfahrung nach die meisten Fehler gemacht?*

HM: Die Abrechnung ist schon das, womit die meisten sich schwertun. Beim Sachbericht ist das Papier geduldig. Da muss ich das Projekt und den Projekterfolg nur nachvollziehbar beschreiben, aber das bekommen die Leute zumindest auf Nachfrage hin. Ich glaube aber, das hat schon auch mit unserem Handlungsfeld Soziale Arbeit zu tun. So richtig viel Lust auf Abrechnungen, Belege, Geld, Excel-Tabellen haben dann doch sehr viele nicht.

*SH: Und was passiert, wenn man Bedingungen nicht einhält?*

HM: Im schlimmsten Fall müssen Projektträger mit Rückforderungen rechnen. Die Regeln sind ja verbindlich. Bei uns ist tatsächlich noch nie irgendetwas Dramatisches passiert. Mit Nachfragen bekommt man dann eigentlich immer alles hin.

*SH: Was ist aus Fördermittelnehmendenperspektive die größte Herausforderung?*

HM: Die Bürokratie zu managen. Die Mitarbeitenden wollen alle praktisch arbeiten, Demokratieförderung betreiben oder sich gegen Rassismus einsetzen. Und haben oft deutlich weniger Bezug zu Verwendungsnachweisen und Sachberichten. Aber das eine geht nicht ohne das andere.

*SH: Hast du noch einen Abschlussgedanken?*

HM: Mir ist im Gespräch mit Dir noch mal die Wichtigkeit von Kommunikation und von Beratung klar geworden. Ich würde Projektträger einfach dazu ermuntern, die Beratungs- und Schulungsangebote anzunehmen, zu versuchen, sich auch in die Logik der Fördermittelgeber hineinzudenken und in Kontakt zu bleiben. Je größer die Distanz zwischen Projekten und Fördermittelgebern ist, desto schwieriger sind letztlich Projekterfolge, Wirkungen und auch die ordnungsgemäße Verwendung von Mitteln richtig einzuschätzen.

*SH: Vielen Dank, Harald, für deine Zeit und die Einblicke!*

## 8.2 Interview mit Jens Busch

*Geschäftsführer, Finanzcontrolling von climb*

Interviewt am 25.04.2025 durch Sarah Hüttenberend

*Sarah Hüttenberend: Hallo Jens! Wir gehen direkt rein: Was ist für dich Fördermittelmanagement?*

Jens Busch: Ich verstehe Fördermittel im weitesten Sinn als öffentliche Mittel, aber auch als Spenden. Fördermittelmanagement in dem Sinn ist alles – von der Akquise, über die Anbahnung einer Antragstellung, die Zusage, Fördervereinbarung, die Ausgabe und am Ende die Erstellung eines Verwendungsnachweis. Das alles wie mit einem roten Faden zu überwachen, zu steuern und zu koordinieren, ist der Managementanteil.

*SH: Und was hast du mit Fördermitteln zu tun? Stell dich gerne kurz vor!*

JB: Eigentlich zieht sich meine Präsenz durch den ganzen Prozess. Ich bin bei climb in der Geschäftsführung insbesondere für den Bereich der Finanzen verantwortlich. climb steht für „clever lernen, immer motiviert bleiben" und beschreibt den Kern unserer Arbeit ganz gut: Wir begeistern seit 2012 Kinder und Erwachsene fürs Lernen. Denn wir glauben, dass Lernen eigentlich allen Menschen richtig Spaß machen kann. In unseren Lernferien fördern wir z. B. Kinder auf ihrem Bildungsweg. Wir stärken auch junge Erwachsene für Führungsaufgaben und gestalten Bildungslandschaften. Meine Aufgabe dabei ist vor allen Dingen das Verwalterische und alles, was mit den Finanzen zu tun hat. Kernbereich ist die Verwendung von Fördermitteln und deren Dokumentation. Das heißt hinten raus alles, was die Erstellung von Verwendungsnachweisen angeht. Ich komme aber auch schon in der (Finanz-)Planung rein: Was brauchen wir überhaupt für Gelder, für welche Zwecke? Und dann aber auch sehr im Konkreten, wenn es darum geht, Anträge zu stellen, Gelder zu beantragen. Beim Fundraising mache ich das in enger Zusammenarbeit mit Jenny und Elisa, unseren Personen, die dann tatsächlich raus in die Akquise gehen und mit den Fördermittelgebenden reden. Diese Mitarbeit in der Vorbereitung ist natürlich sinnvoll, um Fördermittel zu beantragen, die man auch braucht und dann auch verwenden kann. Ein gutes Management beginnt früh, indem man sich beim Beantragen, beim Kontakt mit dem Fördermittelgeber und beim Aushandeln der Konditionen möglichst klug verhält, sodass man hinten raus weniger Probleme, weniger Aufwand oder weniger Arbeit hat.

*SH: Was macht dir am meisten Spaß an diesem Job und warum?*

JB: Das Arbeiten mit Zahlen und das Rechnen – das ist meine Welt, in der ich mich thematisch wohlfühle. Besonders viel Spaß habe ich, wenn ich dann noch mit einem Tool wie Excel, bzw. bei uns Google Sheets, irgendeinen Plan bauen und mir eine kluge Lösung z. B. für das Controlling oder für die Erstellung von Förderanträgen ausdenken darf. Da bin ich auf dem Höhepunkt meines Schaffens. Dann habe ich einen Zahlenbezug und kann mich auch noch kreativ austoben und irgendetwas bauen, das dann am Ende funktioniert.

*SH: Worauf könntest du verzichten?*

JB: Auf viele strukturelle Bedingungen im Sektor und die Folgen daraus. Beispielsweise die Auszahlungsbedingungen von Fördermitteln, Zweckbindung oder hinderliche oder unrealistische Vorstellungen oder Regelungen von Fördermittelgebenden, die es einem schwer machen, die Mittel sinnvoll, zeitnah und da, wo sie gebraucht werden, zu verwenden.

*SH: Hast du dafür ein Beispiel?*

JB: Liquidität ist z. B. ein Thema, mit dem wir uns jetzt seit mehr als zwei Jahren rumschlagen. Dadurch dass die Auszahlungsstrukturen bei bestimmten Förderungen so angelegt sind, wie der Fördermittelgebende es braucht oder wie er es hinbekommt, und nicht so, wie es eine Organisation wie unsere braucht, schießt man viel vor. Angefallene Kosten kann man erst im Nachhinein abrechnen. Dass Auszahlungen teilweise Wochen oder Monate dauern, von denen manche längst verausgabt wurden. Dadurch fehlen uns Gelder, was sich wiederum als Stress in meiner Position, die das irgendwie zu verwalten hat, niederschlägt.

*SH: Und wie stellst du dennoch sicher, dass du immer einen guten Überblick über die geplanten und tatsächlichen Ausgaben in einem Projekt hast?*

JB: Den Überblick über die Finanzplanung im Allgemeinen habe ich durch ein großes Google Sheets, das ich mir gebaut habe. Das ist, glaube ich, bei den meisten so. Da geht es im Gesamten darum, die Verteilung von Ausgaben und Einnahmen im Blick zu behalten. Ebenso auch eine Verteilung von den Spenden im Groben und den Fördermitteln. Das ist dann verbunden mit unserem Salesforce, wo wir alle Informationen zu Spenden hinterlegt haben. Hier hole ich mir z. B. die Vertrags- und Auszahlungsdaten raus, um das noch mal im Kleineren zu haben für die Planung – was tatsächlich da ist oder was auf dem Weg ist, was beantragt ist. Daraus kann ich dann ablesen, wie viel mehr wir möglicherweise noch brauchen oder was man vielleicht zu einem anderen Standort schieben kann.

Dann gibt es noch für jedes einzelne Lernferienprojekt ein eigenes Google-Abrechnungssheet, eine Art vorbereitende Buchhaltung. In dieser planen die Menschen, die im Projekt arbeiten, ihre Ausgaben, sodass wir ihnen einen Vorschuss für Auslagen zahlen können. Also bspw. der Einkauf bei Rewe oder der Ausflug. So habe ich dann quasi für jedes einzelne Projekt noch mal eine Budgetplanung. Auf diese Weise gibt es einerseits ein Budget, wo wir den Projektverantwortlichen transparent machen „so viel Geld habe ich insgesamt übrig für das Projekt", und andererseits eine Übersicht der Belege, die sie einreichen wollen. In diese Dokumente schaue ich standardmäßig nicht hinein, sondern das ist eher was auf der Ebene der Projektleitungen.

*SH: Welche Prozesse hast du eingeführt, die ein echter Gamechanger für das Fördermittelmanagement waren? Was würdest du jeder Organisation unbedingt empfehlen?*

JB: Wir haben schon ein Auge darauf, zumindest auf der Spendenseite entweder zweckungebundene Mittel oder Patenschaften zu akquirieren. Unsere Stärkenpatenschaften waren mit Abstand der größte Gamechanger. Das ist ein Fundraising-Tool, das wir eingeführt haben, um wegzukommen von einem Flickenteppich von verschiedenen Förderungen von Stiftungen, die alle einen unterschiedlichen Verwendungszweck haben. Das war früher bei uns so und ab einem gewissen Skalierungsschritt habe ich eingesehen, dass das mit weiterem Wachstum immer herausfordernder wird. Stärkenpartnerschaften nutzen wir seitdem im Prinzip bei all unseren Förderanträgen. Dafür machen wir die Rechnung auf, was ein Kind bei den Lernferien kostet. Das ist eine Vollkostenrechnung, inklusive der Verwaltungskosten, Standortkosten und Durchführungskosten. Pro Kind bekommen wir einen Anteil von öffentlichen Mitteln und dann gibt es einen Betrag, der übrig bleibt, und den decken wir entweder über Lernförderung oder über eine Spende. Das sind aktuell 330 Euro, da kann man zu einer Stiftung gehen und sagen: „330 Euro brauchen wir im Jahr, damit ein Kind an Lernferien teilnehmen kann." Wir fundraisen dann Stärkenpatenschaften z. B. für Hamburg im Jahr 2025, am liebsten für ganz Deutschland. Irgendwann am Ende des Jahres schreiben wir den Partnern, dass 30 Kinder teilgenommen haben, und machen zudem eine Istrechnung mit den Zahlen aus ganz Deutschland. Das macht uns dann sehr flexibel. Im Prinzip müssen wir nur in Kinderteilnahmen rechnen. Ich muss dadurch nicht für jedes einzelne Lernferienprojekt neu schauen, woher ich die Mittel bekomme, sondern wir haben quasi einen großen Pool von Mitteln, die ich verschieben kann. Genau das war der Gamechanger, den wir eingeführt haben und der uns spürbar hilft. Und auch für die Förderer, für die Stiftungen, ist das attraktiver, weil sie direkt für die Kinder spenden und nicht für die Lernferien oder für den Ausflug oder das Essen.

*SH: Woher beziehst du die Informationen?*

JB: Im Wesentlichen aus der Buchhaltung. Wir haben eine Buchhalterin, die in einem Buchhaltungsprogramm bucht (Simba), und jede Woche erstellt sie eine große Auswertung und kopiert diese in meine Tabelle für die Finanzplanung. So kommen die Istkosten in meinen Finanzplan. Das ist aber tatsächlich dann alles nachgelagert. Was bei mir ankommt, ist schon längst ausgegeben.

*SH: Du hast durch eure Struktur normalerweise keinen direkten Kontakt zu denjenigen, die die Projekte durchführen. Wie kann es trotzdem gut gelingen, alle Mitarbeitenden in einem Projekt mitzunehmen?*

JB: Das Fördermittelmanagement halten wir eigentlich von den Durchführenden komplett fern. Was wir an Standarddokumenten für Projekte haben, ist das Google Sheet, das für die Kalkulation und Abrechnung am Ende wichtig ist. Wir schulen mittlerweile die Leute generell in Mittelverwendung: dass man auf die Sparsamkeit zu achten hat, dass Belege da sind und gewisse Ausgaben nicht getätigt werden dürfen, sodass man am Ende etwas Vernünftiges bekommt, das man für die Buchhaltung benutzen kann.

*SH: Gibt es eine Ebene dazwischen, zwischen dir und den Umsetzenden?*

JB: Genau, die Projektleitungen haben Budgetverantwortung. Das heißt, sie bekommen ein Budget und haben den Hut auf, dass dieses nicht überschritten wird. Und dann gibt's Standortleitungen, die die finanzielle Verantwortung für den gesamten Standort haben. Mit der schaue ich zumindest einmal im Jahr auf die Finanzen ihres Standorts. Das macht das Arbeiten viel einfacher.

*SH: Was sind Herausforderungen, die dir begegnen? Gab es Fails?*

JB: Dieses ganze Konstrukt mit den Stärkenpatenschaften funktioniert ja nur so lange, wie man wirklich auch die Kinder bei den Lernferien hat. Wir haben schon Lernferien gemacht mit unter zehn Kindern. Das war dann in vielerlei Hinsicht eine Katastrophe. Deswegen sagen wir den Standortleitungen immer: „Macht die Lernferien voll. Je mehr Kinder, desto besser." Natürlich nur dann, wenn wir sie auch alle angemessen betreuen können und genug Ehrenamtliche haben, um unseren Betreuungsschlüssel zu garantieren. Wir brauchen volle Lernferien. Denn wir rechnen pro Kind ab und es gibt Fixkosten, die sind da, egal, wie viele Kinder kommen. Je mehr Kinder kommen, desto mehr Einnahmen haben wir.

Wir haben jetzt die öffentliche Seite noch gar nicht beleuchtet. Wir bekommen kommunale Mittel auch in Form von Pauschalen pro Kind für die Lernferien. Auch da musst du keine Belege einreichen, du musst nichts nachweisen, außer, dass das Kind bei den Lernferien war. Wir hatten einen großen Fail bei Coronamitteln an einem unserer Standorte. Das Gute war: Es war viel Geld. Deswegen haben wir uns auch darauf eingelassen. Die Stadt musste allerdings diese Mittel beantragen für die Lernferien. Wir konnten das nicht selbst tun. Und uns war wirklich lange nicht klar, wie viel Geld die Stadt eigentlich beantragt hat. Allein diese Frage, über welche Summe wir reden, konnte nicht beantwortet werden. Wir haben dann zwischendurch immer mal wieder einen Zuwendungsbescheid bekommen für einzelne Summen. Für andere Lernferien haben wir nie einen Zuwendungsbescheid bekommen. Da standen Ferien drauf, die wir nicht durchgeführt haben. Am Ende mussten wir Geld zurückzahlen, das wir nicht eingeplant hatten. Das war eine der schwierigsten Erfahrungen für uns im Bereich „Fördermittelmanagement".

*SH: Vielen Dank, Jens, für diese Einblicke in eure Arbeit!*

## 8.3 Interview mit Rebecca Rank

*Clusterlead-Partner und Netzwerk bei Acker e. V.*

Interviewt von Nina Taubenreuther am 22.05.2025

*Nina Taubenreuther: Was ist Acker e. V.?*

Rebecca Rank: Acker ist ein innovatives, gemeinnütziges und unabhängiges Sozialunternehmen. Unser Ziel? Mehr Wertschätzung für Natur und Lebensmittel. Mit unseren vielfach ausgezeichneten Bildungsprogrammen „GemüseAckerdemie" und „AckerRacker" etablieren wir den Gemüseacker als naturnahen Lernort strukturell im Bildungsalltag von Schulen, Kitas und Kindergärten: Mehr als 105.000 Kinder und Jugendliche an rund 1.960 Lernorten in ganz Deutschland, Österreich, Liechtenstein und der Schweiz bauen seit 2025 mit den Programmen ihr eigenes Gemüse an. Mit weiteren praktischen Bildungsangeboten begeistern wir auch Erwachsene und Familien für Nachhaltigkeit und eine bewusste Ernährung. Dazu gehören u. a. das Hochschulprogramm „CampusAckerdemie", der Mitmachnewsletter „Ran ans Gemüse" für Privathaushalte sowie die „Ackerpause" für Unternehmen, Pflegeeinrichtungen und Mieterschaften. Wir arbeiten wirkungsorientiert und wissenschaftlich fundiert an der Schnittstelle von Bildung, Landwirtschaft, Umwelt und Ernährung. Unterstützt werden wir dabei von starken Partnern wie Stiftungen, Unternehmen, Ministerien, Spendern und Organisationen.

*NT: Was machst du bei Acker? Wie bist du dahin gekommen? Und was hast du mit Fördermitteln zu tun?*

RR: Ich habe 2017 direkt nach meinem Studium als Teamassistenz gestartet. Ich habe Management in Non-Profit-Organisationen im Master studiert und dadurch eine sehr solide und generalistische Grundausbildung. Meine Masterarbeit habe ich zum Thema „Stiftungen und Stiftungsnetzwerke" geschrieben; das war also schon von Beginn an mein Schwerpunkt und der Bereich, der mich besonders interessiert hat. Als unser Team noch wesentlich kleiner war, hatten wir noch eine andere Aufgabenverteilung. Alle haben überall mitgearbeitet. Im Fördermittelmanagement, in der Projektentwicklung, aber auch im Bereich „Wirkungsanalyse" und in der Organisationsentwicklung. Als unsere Organisation größer wurde, konnten wir die einzelnen Bereiche weiter ausdifferenzieren und die Verantwortlichkeiten klarer verteilen. Wir haben das Partnermanagement als eigenen Bereich ausgeformt und arbeiten organisationsweit heute in sogenannten Clustern. Ich leite das Partnercluster mit mittlerweile 16 Personen. Wir arbeiten mit über 180 verschiedenen Partnern zusammen. Von kleinen bis großen Förderungen ist alles dabei – und auch über alle Fördersäulen hinweg. Bei mir im Cluster gibt es dann wiederum kleine Teams, die sich auf bestimmte Förderbereiche fokussiert haben. Das ist besonders bei uns, dass wir die Betreuung der einzelnen Partner sehr ausdifferenziert haben und es nach den Bedarfen und der Ansprache spezielle Teams gibt, die sich z. B. für Unternehmensfundraising einsetzen, ein anderes Team für Stiftungsfundraising, eines für öffentliche Förderer und eines für Präventionspartner. Das Thema „Präventionsmittel" bzw. „Präventionsgesetz" ist in unserem Arbeitskontext ebenfalls nochmal eine Besonderheit und eben auch eine große, wichtige Säule.

*NT: Habt ihr die Aufgaben der Mittelakquise, des Fördermittelmanagements und der inhaltlichen Arbeit getrennt?*

RR: Wir betrachten eher einzelne Fördersäulen. In jeder Säule gibt es Mitarbeitende, die sich eher auf Akquise und Neuansprache fokussieren, und andere, die sich um die Betreuung der Partner kümmern. Beides ist aber ein fester Bestandteil der Jobbeschreibung. Dann haben wir noch eine Schnittstelle zum Finanzteam für alles Buchhalterische und zu den inhaltlichen Teams, bei denen das reine Projektmanagement und die Durchführung liegt. Die Struktur und die Konzentration auf die Betreuung vieler Partner gewährleistet eine Diversität in den Fördermitteln. Es war uns von Anfang an wichtig, dass wir viele unterschiedliche Akteure miteinbeziehen und die Abhängigkeit von Einzelnen durch Diversifizierung verringern. Klassisches Risikomanagement. Kein Partner soll mehr als 10 Prozent unseres Budgets umsetzen. So haben sich im Lauf der Zeit richtige Spezialisierungen ausgebildet und wir haben Expertinnen und Experten, die genau wissen, wie eine gut ausgestaltete Unternehmensförderung langfristig wachsen kann oder welche Besonderheiten bei öffentlichen Mitteln eine Rolle spielen.

*NT: Was macht dir besonders Spaß an dieser Arbeit? Welche Talente sollte man mitbringen?*

RR: Ich glaube, es ist eine spannende Mischung aus ganz vielen Aspekten. Zum einen die Vogelperspektive, das große Ganze der nachhaltigen Organisationsentwicklung und die Flexibilität, Veränderungsprozessen positiv zu begegnen und diese zu begleiten. Gleichzeitig auch der Blick für Sorgfalt und Details. Das ist ein unverzichtbares Talent. Man verantwortet große Budgets und Projektmittel, man braucht ein echtes Adlerauge und auch Freude an den Details. Dann ist es auch wichtig, die Partner tatsächlich als Partner für unsere Sache zu sehen und die Zusammenarbeit gemeinsam zu gestalten. Und dann sind wir eben auch alle Fundraiser, die eine Mission und Geschichte erzählen, von der wir so begeistert sind und für die wir andere begeistern wollen.

*NT: Wie würdest du sagen: Ist das Verhältnis verteilt zwischen der Gewinnung neuer Partner und der Betreuung und Pflege von Bestandspartnern?*

RR: Das ist phasenweise unterschiedlich. Ich glaube, mittlerweile hat die Pflege von Bestandspartnern einen etwas größeren Anteil. Wir haben unseren Fokus darauf gelegt, bestehende Partner zu binden und Beziehungen langfristig weiterzuentwickeln, damit Folgeförderungen und gemeinsames Wachstum gelingen können. Das ist oft nachhaltiger als die Gewinnung neuer Partner, weil die Einstiegshürde bei Erstkontakten immer größer ist. Wir wollen Vertrauen aufbauen und das braucht Zeit. Deshalb sprechen wir auch weniger von Fördermittelmanagement als von Partnermanagement. Wenn ein Partner erlebt hat, dass er wirkungsvolle und gute Arbeit unterstützt hat, dann steht einer Folgekooperation meist nichts im Weg.

*NT: Was würdest du sagen, ist ein Grundrezept für eine gelungene Partnerschaft? Was sind deine top Tipps?*

RR: Eine Partnerschaft auf Augenhöhe ist wichtig. Und eine positive Grundhaltung, mit der man in eine gemeinsame Arbeit startet. Wir treffen uns schließlich, um gemeinsam für eine Sache einzustehen und diese zusammen zu gestalten. Es geht nicht um ein Verkaufsgespräch, in dem ich den anderen überzeugen will. Es ist doch so, dass ein Förderpartner sein Geld für einen bestimmten Zweck geben möchte, und wir können die Mittel genau zu diesem Zweck einsetzen. Ein ideelles Tauschgeschäft sozusagen. So können wir unsere Bedarfe klar formulieren und lassen Gestaltungsspielraum für die Ideen, Ziele und Wünsche der Partner. Einander zuzuhören ist in jedem Fall eine Geheimzutat [lacht]. Aus diesem Grundrezept haben sich die besten und stabilsten Partnerschaften entwickelt. Wenn wir einander so begegnen, entwickelt sich ein gegenseitiges Vertrauen. Wir haben dann viel mehr Möglichkeiten, auch neue Wege zu gehen, Dinge zu testen oder auch Vorhaben gemeinsam anzupassen, wenn wir feststellen: Es gibt einen besseren Weg. Um Vertrauen aufzubauen, müssen wir den Menschen in der Beziehung sehen. Es geht also auch um Empathie und die Frage: Was braucht mein Gegenüber? Und auch: Wer ist mein Gegenüber? Gibt es vielleicht noch ein Gremium wie einen Vorstand oder ein Kuratorium, das neben meinem Gesprächspartner ebenfalls überzeugt werden muss? Welche Informationen könnte dieses Gremium noch benötigen? Auch wenn mein Gesprächspartner total begeistert und überzeugt zu sein scheint, so hat er ja auch bestimmte Entscheidungswege, die er einhalten muss. Mit einer positiven Grundhaltung und einem Perspektivwechsel kann ich Begeisterung auf allen Ebenen wecken und weitergeben und mich mit den Vertretern aus Ministerien, Stiftungen oder Unternehmen als Team zusammentun und gemeinsame Ziele formulieren. Die Beweggründe meines Gesprächspartners wirklich zu verstehen, ist dabei ein ganz wichtiger Aspekt. Und ein weiterer Punkt, der einfach super relevant ist: Gute Arbeit machen! Das klingt vielleicht banal, aber es ist so wichtig, dass man keine Dinge verspricht, die man nicht leisten kann, dass man seine Expertise gut kennt, bei seinen Themen bleibt und die richtigen Leute für die Umsetzung hat. Es kann immer etwas schiefgehen oder anders laufen als geplant. Aber dann ist es umso wichtiger, dass man gut vorbereitet ist und alle Eventualitäten durchgespielt hat.

*NT: Was sind weitere Kriterien, auf die du achtest, wenn du neue Partner suchst oder Ausschreibungen anschaust?*

RR: Wir schauen erst einmal aus ethischer Perspektive auf mögliche Partnerschaften oder Förderungen. Es gibt einen sogenannten Partnercheck oder Partnerkodex. Das betrifft weniger Stiftungen und öffentliche Förderungen, aber z. B. Förderungen von Unternehmen, bei denen wir prüfen, welche Absicht hinter einem Unterstützungswillen steht. Teilen wir die gleichen Werte und Ziele oder geht es gar um Greenwashing? Hierbei ist entscheidend, wie das Unternehmen arbeitet, ob es in der Vergangenheit kritische Themen hinsichtlich Nachhaltigkeit und Ökologie gab und so weiter. Oder ist da aus anderen Gründen keine Augenhöhe gegeben? Es gibt ganz viele Rahmendaten, die stimmen müssen. Es ist ganz wichtig, das von Anfang an zu checken, bevor man eine Kooperation eingeht. Es erspart ganz viel Zeit und Mühe. Das ist vielleicht auch der Grund, warum wir eine ziemlich hohe Bewilligungsquote bei Anträgen haben. Wir entscheiden uns immer erst, einen Antrag zu schreiben, wenn klar ist, dass es sehr, sehr gut passt. Und wenn ein, zwei Aspekte noch nicht klar sind oder aus der Ausschreibung nicht ersichtlich sind, dann ist es umso wichtiger, ins Gespräch zu gehen und die offenen Fragen zu klären.

*NT: Hast du Beispiele für Rahmenbedingungen, die nicht passen oder Klärungsbedarf mit sich bringen?*

RR: Also wir hatten neulich den Fall, dass für eine Förderung nur Organisationen mit maximal sechs Mitarbeitenden infrage kamen. Da waren wir raus. Da gab es dann auch keinen Verhandlungsspielraum, das war ein hartes Kriterium. Manchmal spielt auch der Standort eine Rolle. Da empfehle ich immer die Nachfrage, ob es um den Sitz der Organisation geht oder um den Durchführungsort. Wenn wir als Verein mit Sitz in Potsdam an Schulen in Baden-Württemberg tätig werden wollen, können wir unter Umständen trotzdem eine Landesförderung beantragen. Und da ist dann manchmal auch viel möglich, wenn man eben aber ins Gespräch geht. Wenn bspw. nur maximal 50 Prozent der Gelder in Personalkosten fließen dürfen, wir aber mit unseren Samen und Jungpflanzen niemals 50 Prozent Sachkosten haben, dann lohnt die Nachfrage. Manchmal weicht die Vorstellung der Mittelgeber bei Formulierung der Ausschreibungen einfach auch sehr von der Realität und Kostenstruktur der Organisation ab – oft ist dann aber auch viel Flexibilität auf Partnerseite da, wenn man das erklärt.

*NT: Habt ihr auf dem Weg auch etwas erlebt, das schiefgelaufen ist?*

RR: Ja, tatsächlich hatten wir in der Ausschreibung, die nur für Organisationen mit maximal sechs Mitarbeitern war, genau diesen Punkt übersehen. Der Kollege hatte dann schon richtig viel Arbeit in den Antrag gesteckt und tolle Ideen ausgearbeitet. Zu der Zeit war aber glücklicherweise noch kein Geld geflossen. Wir haben den Antrag dann gar nicht eingereicht – es war nur schon viel Arbeitszeit hineingeflossen. Glücklicherweise konnten wir die ausgearbeitete Projektidee dann an anderer Stelle einreichen. Aber das machte die Wichtigkeit des Partnerchecks nochmal deutlich und war ein echtes Learning. Ich empfehle in jedem Fall immer mindestens einen Vier-Augen-Check!

In der Coronapandemie haben wir natürlich nochmal ganz andere Anstrengungen aufbringen müssen, um Projekte im laufenden Betrieb anzupassen und neu auszurichten. Da kam uns die Augenhöhe mit unseren Partnern dann wieder entscheidend zupass. Richtig schief gelaufen ist also nichts.

*NT: Gibt es denn etwas, das du dir ganz konkret von Förderpartnern wünschst oder das Ausschreibungen schwierig macht?*

RR: Zwei Dinge eigentlich: Zum einen dieser Drang nach Innovation. Also wenn in der Ausschreibung steht, es soll eine Innovation gefördert werden und es muss ein ganz neues, nie dagewesenes Projekt sein. Natürlich kann man bei jedem Thema auch immer neue Aspekte finden und innovative Ideen unterbringen. Aber wir brauchen auch Förderungen, die unsere gut bewährte und nachgewiesen wirkungsvolle Arbeit finanzieren. Das andere ist der Aufwand von Nachweispflichten. Manchmal steht der administrative

Aufwand eines Projekts der inhaltlichen Arbeit in nichts nach. Da hat sich schon viel getan auf Partnerseite, aber es gibt immer noch Institutionen, die papierreiche Nachweise in doppelter Ausführung und in einer ganz bestimmten Form fordern. Das ist mittlerweile sogar ein Ausschlusskriterium für uns, wenn die Förderung sehr klein und die Nachweispflichten sehr groß sind. Dann verpuffen die Mittel, weil wir so viel Mehraufwand für die Berichte und Nachweise haben. Das ist oft aber auch vor einer Bewilligung gar nicht so leicht einzuschätzen. Daher meine klare Empfehlung, dies vorher zu klären. Wir erleben allerdings auch, dass sich hier einiges tut. Wir können ins Gespräch gehen und an einigen Stellen halten Vereinfachung oder Digitalisierung Einzug. Es ist auch ein gemeinsamer Lernprozess und wir müssen derlei Dinge als Feedback an die Partner geben. Mit einigen konnten wir uns bspw. darauf verständigen, dass wir unseren Wirtschaftsprüfungsbericht einreichen. Oder neue Dinge ausprobieren, wenn es um den Sachbericht geht. Müssen es immer viele Seiten Text sein oder drehen wir vielleicht ein kurzes Video, das dann sogar noch für die Social-Media-Kanäle genutzt werden kann?! In der Tendenz ist das natürlich bei öffentlichen Mittelgebern oder Stiftungen, die öffentliche Mittel verteilen, eher weniger flexibel, da diese ja an ganz andere interne Vorschriften gebunden sind. Aber viele private Stiftungen und Unternehmen sind sehr offen, um neue Dinge auszuprobieren.

*NT: Welche richtig guten Erfahrungen hast du noch gemacht?*

RR: Also ganz viele, muss man sagen. Wie gesagt, das ist auch der Grund, warum mir das so viel Spaß macht, glaube ich. Wir haben tolle Partner, die auch mit tollen Ideen kommen und wo das mit der Augenhöhe richtig gut klappt. Wir haben ein sehr spannendes neues Projekt, in dem wir mit der System-Change-Allianz tatsächlich Fördermittelgeber zusammengebracht haben, die freie Mittel zur Verfügung stellen. Das ist wirklich ein bisschen experimentell und eine spannende Erfahrung mit vielen Learnings. Wie frei sind freie Mittel wirklich und wie gestalten wir das Reporting, sodass auch alle mitgenommen werden. Aber es ist vor allem eine andere Ebene in der Zusammenarbeit, weil es da ja auch wirklich um eine Allianz geht. Also vor allem um gemeinsames Zusammenwirken von verschiedenen Förderpartnern, Austausch, Know-how und Netzwerk. Das Beste ist generell, wenn wir sehen, wie Förderpartner mit uns gemeinsam wachsen. Wir haben Partner, die haben uns zu Beginn mit einer kleineren Spende für Sachmittel unterstützt und heute sind sie einer unserer Hauptförderpartner, die ganz viele Ideen und Impulse für unsere Arbeit mitbringen. Das ist vielleicht nochmal ein schönes Plädoyer zum Ende: Gemeinsam für die gute Sache zu arbeiten kann wirklich Kräfte entfalten. Eine Partnerschaft auf Augenhöhe ist dabei der beste Anfang.

*NT: Vielen Dank für das Gespräch!*

## 8.4 Interview mit Ruth-Anne Damm

*Geschäftsführerin ZWEITZEUGEN e. V.*

Interviewt von Nina Taubenreuther am 22.05.2025

*Nina Taubenreuther: Liebe Ruth-Anne, was macht ZWEITZEUGEN e. V.?*

Ruth-Anne Damm: ZWEITZEUGEN e. V. möchte Menschen dazu ermutigen, selbst Verantwortung für das Erinnern zu übernehmen – indem sie zu zweiten Zeugen und Zeuginnen werden, sogenannten Zweitzeug*innen. Wir haben 38 Holocaust-Überlebende interviewt, ihre berührenden und beeindruckenden Lebensgeschichten dokumentiert und geben diese in Workshops und Bildungsprojekten vor allem an Kinder und Jugendliche, aber auch an Erwachsene weiter. Dabei geht es nicht nur um historisches Wissen, sondern vor allem um Haltung: Wie kann ich mich heute gegen Antisemitismus und Diskriminierung einsetzen? Wie die Erinnerung lebendig halten? Unsere Bildungsangebote finden in Schulen, im Sport, z. B. in Fanprojekten oder an Lernorten von Fußballbundesligisten, in Jugendzentren und Gemeinden oder auch dank unserer Ausstellung in Museen und an weiteren öffentlichen Orten statt – überall dort, wo junge Menschen erreicht werden können. Auch Lehrkräfte und pädagogische Fachkräfte bilden wir fort und auch immer mehr Unternehmen und ihre Mitarbeitenden. Bislang konnten wir über 47.000 Kinder und Jugendliche sowie insgesamt mehr als 96.000 Menschen erreichen – und es werden immer mehr! Das alles dank unserer ehren- und hauptamtlich Engagierten, die die Geschichten der Überlebenden weitertragen und damit zeigen: Erinnerung bewegt und verändert. Aus der Geschichte lernen wir und können mit diesem Wissen Gegenwart und Zukunft aktiv gestalten.

*NT: Wie hat alles angefangen und wie bist du dazu gekommen?*

RD: Die ersten Interviews mit Überlebenden wurden 2010 im Rahmen eines Studierendenprojekts geführt. Es war dann schnell klar, dass daraus mehr erwachsen kann und dass wir diese Geschichten nicht verstummen lassen wollen. So entstanden unser didaktisches Konzept und alle Strukturen, die wir heute haben. Es arbeiten aktuell 22 Haupt- und rund 130 Ehrenamtliche für den Verein. Ich selbst bin ganz früh dazu gekommen und durch eine Freundin auf das Projekt aufmerksam geworden. Ich habe dann als erste Aufgabe einige Interviews transkribiert. Da war für mich klar: Das will ich weitermachen! Diese Idee ist so kraftvoll und kann so viel bewirken.

*NT: Es soll ja in unserem Interview um die Fördereransprache gehen. Erinnerst du dich noch an die erste Förderung, die ZWEITZEUGEN e. V. bekommen hat? Wie kam es dazu?*

RD: Ja, das weiß ich noch ganz genau. Wir haben viele Jahre lang ausschließlich ehrenamtlich gearbeitet – ich selbst war neun Jahre rein ehrenamtlich dabei. In der Zeit haben wir vor allem erzählt, zugehört, Netzwerke aufgebaut, Menschen begeistert, Vertrauen aufgebaut. ZWEITZEUGEN war am Anfang einfach eine Idee – getragen von Engagement und Überzeugung. Dass wir dann tatsächlich die erste Stiftung von uns überzeugen konnten, war ein unglaublicher Moment. Es ging damals um 10.000 Euro für ein

Projekt – für uns war das riesig. Es war das erste Mal, dass jemand gesagt hat: „Wir glauben an euch – und wir investieren in eure Arbeit." Ich hätte mir damals nie träumen lassen, dass sich daraus einmal so viel entwickeln würde. Aber genau deshalb ist diese erste Förderung für mich bis heute etwas ganz Besonderes.

*NT: Wo habt ihr diese Stiftungen getroffen? Wie spricht man potenzielle Förderpartner an?*

RD: Die besten Kontakte ergeben sich für mich beim sogenannten Networken. Also bei direkten Gesprächen mit möglichen Partnerinnen und Partnern auf Veranstaltungen, manchmal auch im Zug oder, bei mir der sicherlich skurrilste Moment, in der Sauna. Das kann Jeder und Jede in der Organisation tun. „Tue Gutes und rede darüber!": Da ist ganz viel Wahres dran! Aber es ist natürlich auch wichtig, wie ich jemanden anspreche. Wenn ich auf eine potenzielle Förderpartnerin treffe, dann muss ich bestens vorbereitet sein. Wenn das z. B. auf einer trubeligen Veranstaltung passiert, will ich die Chance nutzen, habe aber viel Ablenkung und genau einen Versuch und nicht viel Zeit. Da muss der Pitch einfach sitzen. Was mir persönlich hilft: immer wieder mal vorsprechen. Bei Netzwerkveranstaltungen überlege ich mir außerdem mittlerweile vorab genau, wen ich ansprechen möchte, recherchiere etwas zu den Personen und gehe dann gezielt auf sie mit meinem Anliegen zu. So wird es konkret und ich hole die Menschen dort ab, wo sie stehen, das wird wertgeschätzt. Diese Überlegungen und mentalen Einübungen passieren oft während der Zugfahrt, quasi auf dem Weg dahin.

*NT: Im Zug? Das ist ja ein toller Tipp! Was genau übst du da? Und was hat das mit dir zu tun?*

RD: Meine Begeisterung und Leidenschaft für unser Thema und die Projekte, die wir umsetzen, hat ganz viel mit mir und meiner eigenen Geschichte zu tun. Das ist tief in mir drin und ich folge da meiner Überzeugung und meinem Herzen. Ich glaube, das merkt mein Gegenüber und lässt sich davon quasi anstecken. Was ich aber tatsächlich übe, sind die Informationen, von denen ich glaube, dass sie für mein Gegenüber wichtig sind, bestmöglich zu verdichten, die Schwerpunkte zu unterstreichen und zu schauen, wo wir hier gemeinsame Ziele verfolgen. Gute Vorbereitung ist für mich das A und O – und gleichzeitig gilt es im Gespräch, nicht in die Falle zu tappen, das Gegenüber mit Informationen zu überfrachten. Fundraising heißt vor allem: zuhören. Aktiv zuhören, aufmerksam sein, auf die Person und ihre Perspektive individuell eingehen. So gut wir uns auch vorbereiten – erst im persönlichen Austausch zeigt sich wirklich, worum es geht und wo eine Verbindung entstehen kann. Denn für mich ist Fundraising keine klassische Fördermittelanfrage. Es geht um geteilte Überzeugungen, gemeinsame Werte und eine klare Vision, für die sich Menschen – und damit auch Fördernde – begeistern lassen. Wir laden dazu ein, gemeinsam auf eine Reise zu gehen, mit einem Ziel, das wir teilen. Was die Vorbereitung angeht: Wenn es eine größere Veranstaltung ist, dann recherchiere ich, wie gesagt, sehr genau, wer die Zielgruppe ist und wer vermutlich anwesend sein wird – das erfährt man ja auch manchmal vorab durch das Programm und Teilnehmerlisten. Hierbei ist es auch wichtig, welches Level der Entscheidungshierarchie dort sein wird. Die Ansprache variiert, wenn ich eine Ministerin anspreche, die vor allem das Große und Ganze im Blick hat, oder aber eine Person, die aktiv in der

Projektförderung arbeitet und viel detaillierter dran ist. Außerdem versuche ich immer empathisch auf mein Gegenüber zu reagieren. Ich platze nicht sofort mit meinem Pitch heraus, wenn ich die Person gar nicht kenne. Dann geht es erstmal um Beziehungsarbeit.

*NT: Gibt es noch etwas, das du jungen Organisationen raten würdest für die Ansprache potenzieller Partnerinnen und Partner?*

RD: Seid offen und hört zu! Zuhören – also echtes Zuhören – kann euch so viele Anhaltspunkte offenbaren, welches Thema bei eurem Gegenüber den Funken überspringen lässt und mit welchen Fragen sich die Person gerade beschäftigt. Und macht euch bewusst, wofür ihr steht und wofür ihr einsteht! Je klarer ihr das für euch formulieren könnt, desto überzeugender könnt ihr davon erzählen – und andere mitreißen, mitzumachen und euch zu unterstützen.

*NT: Vielen Dank für das Gespräch!*

## 8.5 Interview mit Lena Hartmann

*Bereichsleitung Finanzen und Fundraising bei ZWEITZEUGEN e. V.*

Interviewt am 18.04.2025 von Sarah Hüttenberend

*Sarah Hüttenberend: Hallo Lena, du bist Bereichsleitung Finanzen und Fundraising im Verein ZWEITZEUGEN e. V. – was verstehst du unter „Fördermittelmanagement" und wie bist du dazu gekommen?*

Lena Hartmann: Unter „Fördermittelmanagement" verstehe ich insbesondere die Verwaltung finanzieller Fördermittel von verschiedenen Institutionen für bestimmte Vorhaben. Was mich dabei besonders begeistert, ist, den effizienten und zweckgebundenen Einsatz dieser Mittel unter Einhaltung aller Auflagen zu organisieren. Ich komme ursprünglich aus der Öffentlichkeitsarbeit und bin 2018 von ZWEITZEUGEN gefragt worden, ob ich die Geschäftsführung unterstützen kann. Mit Fördermitteln hatte ich bis dahin wenig zu tun. Als unsere Geschäftsführungen kurz darauf in Elternzeit gegangen sind, übernahm ich den Fundraising-Bereich und das Fördermittelmanagement in großen Teilen. Ich habe mich dann eigenständig in das Thema eingearbeitet, dabei waren meine Fähigkeiten und mein Wissen aus anderen Bereichen extrem hilfreich.

*SH: Was braucht es für ein erfolgreiches Fördermittelmanagement?*

LH: Die Basis für ein gutes Fördermittelmanagement ist ein starkes und verlässliches Team mit verschiedenen Kompetenzen. Ich kann bspw. Dinge gut im Kopf behalten und strukturiert arbeiten, liebe es, viele Aufgaben im Blick zu haben. Gerade wenn es um das Managen von Fördermitteln geht, braucht es eine Leitung, die effizient und rational entscheidet und direkt überblickt, wie die Fördermittel sinnvoll eingesetzt werden – sowohl um den Vertrag zu erfüllen als auch um auf inhaltlicher Ebene wirkungsvoll zu handeln. Hierbei müssen Projektteam, Förderpartner und Netzwerk gut Hand in Hand gehen – am besten unter einer klaren Leitung.

Für ein erfolgreiches Fördermittelmanagement müssen natürlich Deadlines und Aufaben im Blick behalten werden, aber es braucht auch eine transparente Kommunikation mit den Förderpartnern, um bei Bedarf Unterstützung und Beratung zu bekommen. Es geht also auch sehr um die Beziehungspflege und ein gegenseitiges Vertrauen – denn das Ziel von beiden ist schließlich, die Mittel wirkungsvoll einzusetzen.

*SH: Was sind wirkungsvolle Maßnahmen für gute Beziehungsarbeit?*

LH: Ehrlich gesagt sind das E-Mails – besonders, wenn ich die Personen bereits etwas besser kenne. Eine gut formulierte E-Mail, in der sowohl Raum für persönliche Nachfragen und Interesse als auch kurz meine inhaltlichen Punkte formuliert sind, wird häufig unterschätzt. Sie kann den persönlichen Kontakt vertiefen und gleichzeitig wichtige Inhalte für beide Seiten festhalten. Meine Erfahrung ist, dass Fördermittelgeber es sehr schätzen, wenn E-Mails übersichtlich und nicht zu lang sind. Zudem sind konstante, einzelne Ansprechpersonen wichtig für die Beziehungsarbeit. Wenn ich so darüber nachdenke, sind es für mich vor allem diese einfachen, vielleicht erst einmal selbstverständlich wirkenden Punkte, die einen großen Teil von guter Beziehungsarbeit ausmachen.

*SH: Hast du noch einen abschließenden Gedanken für Menschen, die vor der Aufgabe des Fördermittelmanagements stehen?*

LH: Mein Rat ist, sich nicht vor der Komplexität des Fördermittelmanagements abschrecken zu lassen – es ist immer Raum im Projekt, um Dinge anzupassen und mit den Beteiligten über Änderungen zu sprechen. Es hilft, sich klarzumachen, dass wir alle das gleiche Ziel erreichen wollen und dass auch diejenigen, die die Mittel auszahlen, helfen können, dies zu erreichen – und oft sehr dankbar sind für die wirkungsvolle Arbeit der Institutionen für unsere soziale und gebildete Gesellschaft.

*SH: Vielen Dank, liebe Lena und weiterhin viel Erfolg!*

## 8.6 Interview mit Sarah Keller

*Vorständin eines Wohlfahrtsverbandes mit 1.200 Mitarbeitenden (Name geändert)*

Interviewt am 22.05.2025 von Nina Taubenreuther

*Nina Taubenreuther: Bitte stelle dich und deine Organisation vor!*

Sarah Keller: Mein Name ist Sarah Keller [Name geändert], nach langjähriger Führungserfahrung bei zwei namhaften Trägern der Sozialwirtschaft verantworte ich seit 2020 als Vorständin die Arbeit und das Wirken eines mittelgroßen Wohlfahrtsverbands. Unser Verband ist ein wichtiger Akteur in der Region und beschäftigt circa 1200 Mitarbeiterinnen und Mitarbeiter. Wir sind in drei Hauptbereichen tätig: der Beratung, den ambulanten und stationären Alten- und Gesundheitshilfen sowie der Behindertenhilfe. Zusätzlich organisieren und koordinieren wir den ehrenamtlichen Einsatz vieler bürgerschaftlich engagierter Menschen. Wir bieten eine Vielzahl von Beratungsangeboten an, bspw. in den Bereichen „Allgemeine Sozialberatung", „Migration", „Schulden", „Schwangerschaft" oder „Sucht", um nur einige zu nennen.

*NT: Wie stehst du zu Drittmittelprojekten in Bezug auf deinen Verband?*
*Siehst du sie als lohnend an oder überwiegen die Herausforderungen?*

SK: Unsere Arbeit, unser Leitbild und unser Zweck sind durchdrungen von dem Gedanken der Hilfe für Menschen – wir kennen die Bedarfe der Menschen und unsere Mitarbeitenden sind genau da eingesetzt und engagiert, wo Menschen Hilfe und Unterstützung brauchen. Daher sind Drittmittel für uns und den gesellschaftlichen Zusammenhalt unerlässlich. Ich begreife unser Tun als gesamtgesellschaftlichen Auftrag – auch im christlichen Sinn. Dies kann nur gelingen, wenn sich alle beteiligen und sich Förderpartner und Spender finden, die unsere Arbeit unterstützen.

*NT: Welche Erfahrungen hast du mit Förderprojekten gemacht? Positiv wie negativ.*

SK: Ganz unterschiedlich. In einem sehr großen Förderprojekt aus dem europäischen Sozialfonds bspw. haben wir deutlich zu spüren bekommen, welche Herausforderungen zum Ende der Projektlaufzeit auf Organisationen zukommen können. Die Projektgröße erlaubte es zwar, dass wir neue Stellen für das Projekt schaffen konnten, die begrenzte Laufzeit hieß jedoch auch, dass die Verträge befristet waren. Das Projekt war nicht nur groß, sondern auch sehr erfolgreich. So hatten sich die Projektmitarbeitenden schnell einen Namen gemacht und nahmen vor Projektende spannende neue Jobs bei anderen Trägern an, die ihnen ein Angebot gemacht hatten. Völlig verständlich, mussten sie schließlich ihren Lebensunterhalt und Karriereweg sichern. Für uns hieß es jedoch, dass wir kurz vor Abschluss ohne Projektleitung und -team dastanden. Den gesamten Projektabschluss, die Abrechnung, alle Berichte und den Wissenstransfer mussten wir dann durch Mitarbeitende organisieren, die gar nicht am Projekt beteiligt waren. Ein echter Kraftakt, der Zeit, Nerven und schlicht Geld durch Mehrarbeit kostete. In einem kleineren Förderprojekt gab es einen Personalwechsel in der Leitung und im Team mitten im Projekt. Die nachfolgenden neuen Mitarbeitenden und auch die neue Leitung hatten einen fachlich-inhaltlich anderen Ansatz und damit einen Dissens in Bezug auf die initiale Projektidee. Dieses Projekt mussten wir tatsächlich abbrechen und die Gelder zurückerstatten. Es passieren auch kuriose Dinge. So gab es in einem Projekt einen Personalwechsel „auf beiden Seiten“, d. h. sowohl bei uns als auch aufseiten des Fördergeldgebers. Diese Leerstellen, verbunden mit nur oberflächlichen Dokumentationen und Übergaben, führten dazu, dass das Projekt – ohne dass wir es so richtig bemerkt haben – nie richtig zum Abschluss gebracht wurde. Der Fördermittelgeber hat dies jedoch erst nach fünf Jahren festgestellt und die Belege und Abschlussberichte mit jahrelanger Verspätung bei uns angefordert. Eine echte Detektivaufgabe, nach so langer Zeit und ohne das Wissen der im Projekt eingesetzten Mitarbeitenden ein Projektvorhaben zu rekonstruieren.

*NT: Ist es gelungen?*

SK: Ja klar [lacht], ebenfalls durch viel Engagement und Kraftanstrengung.

*NT: Was hast du aus dieser Erfahrung als Learning für zukünftige Drittmittelprojekte mitgenommen?*

SK: Ein Projekt muss fortlaufend gut und sorgfältig dokumentiert werden. Es ist unerlässlich, dass die Mitarbeitenden den Sachstand, Erfolge und Entwicklungen festhalten und die Projektleitung darüber lückenlos in Kenntnis setzen. Diese hält die Vorgesetzten und auch die Gesamtorganisation informiert. Ohne diese Information können wir keinen Wissenstransfer in die Organisation sicherstellen. Mein Mantra ist seither: Stell dir vor, du gewinnst morgen im Lotto und eröffnest eine Tauchschule auf Bali – dann muss deine Arbeit so gut nachvollziehbar und dokumentiert sein, dass deine Kollegen sofort übernehmen können und du deine Koffer packen kannst.

*NT: Und wenn es um die Mittelverwaltung geht: Welche Skills und Erfahrung sollte ein Fördermittelmanager oder eine -managerin mitbringen?*

SK: Ich würde grundsätzlich immer empfehlen, die Aufgaben des Fördermittelmanagements von denen der Projektleitung zu trennen. Fördermittelmanager müssen akribisch und sorgfältig in vorgegebenen Strukturen arbeiten können. Das erfordert eine hohe Leidenschaft für Gründlichkeit und ist eine Stelle für Menschen, die sich für Themen wie „Steuerberatung“, „Buchhaltung“ oder „Wirtschaftsprüfung“ begeistern und dort ihre Leidenschaft sehen. Sie müssen sich in die Förderbedingungen einlesen, sie verstehen und auf den gesamten Projektablauf übertragen können. Sie sind die ersten Ansprechpersonen, wenn es um administrative Abläufe, Vergabeprozesse oder Richtlinien geht. Sie müssen auch in der Umsetzung darauf achten, dass alle Dokumentationspflichten eingehalten werden. Teilnehmerlisten bei Veranstaltungen sind so ein klassisches Thema aus der Praxis. Da muss es eine Person geben, die dafür Sorge trägt, dass diese ausgefüllt und eingesammelt werden. Und korrekt abgelegt. Das kann in den meisten Fällen nicht die Projektleitung sein. Die muss vorne stehen und die Menschen von den Inhalten begeistern. Für diese Rollen braucht es jemanden, der extrovertiert ist, kreativ und im besten Fall spontan, flexibel und visionär.

*NT: Welche Herausforderungen siehst du im Recruiting? Wie findet man Fördermittelmanager?*

SK: Eigentlich haben wir hier sehr gute Voraussetzungen bei uns. Wir haben sehr viel Drittmittelmanagement und Zuwendungswesen. Das heißt., wir können unbefristete Vollzeitstellen anbieten, die nicht auf einen Projektzeitraum beschränkt sind. Das Aufkommen ist groß. Aber der Job geht eben über die reine Rechnungslegung und Buchhaltung hinaus – das benötigte Skillset ist viel umfangreicher. Die Besetzung der Stellen bereitet uns Schwierigkeiten, da die Aufgaben komplex und umfangreich sind. Man braucht einen Blick fürs Ganze, sehr gutes betriebswirtschaftliches Verständnis und ein Supertalent im Projektmanagement und in der Steuerung komplexer Sachverhalte. Gleichzeitig geht es um richtig viel Geld und die Verantwortung, dass es dem Zweck nach eingesetzt wird.

*NT: Wenn du Wünsche an Fördermittelgeber formulieren könntest, was wären die Top Drei?*

SK: So einfach wie möglich, so bürokratisch wie nötig, Vertrauen und mehr Offenheit! Was meine ich damit? Förderungen, die mit einem hohen administrativen Aufwand einhergehen, lassen uns viel weniger Zeit und Ressourcen für unsere eigentliche Aufgabe. Meine Mitarbeitenden sind doch Teil der Wohlfahrtspflege, weil ihre Superkraft und ihr Antrieb die Hilfe für Menschen sind. Wenn der Verwaltungsaufwand überdimensional hoch ist, wird das Ziel der Mittel doch eigentlich verfehlt. Und genau da geht es doch um Vertrauen! Als Antragstellerin bringe ich die fachliche Expertise für ein Thema mit. Wir sind die Profis für die Umsetzung. Da wünsche ich mir, dass man uns auch so viel Vertrauen und Offenheit entgegenbringt, dass wir – die Profis – bestmöglich durch die Projekte navigieren und sie im Sinne der initialen Idee gestalten. So werden die Fördermittel zielgerichtet eingesetzt und können die größte Wirkung entfalten.

*NT: Das heißt, es geht auch um mehr Gestaltungsspielraum?*

SK: Absolut. Es scheint, als sei bei manchen Fördermittelgebern Vertrauen beschädigt worden, weil sie in der Vergangenheit nicht den Eindruck hatten, dass die Mittel sinnvoll eingesetzt wurden. Dann reagieren sie mit Bürokratie und Verwaltung, um die Kontrolle zu behalten. Vielleicht mal ein positives Beispiel an dieser Stelle: Uns kontaktieren viele private Spender, die einfach für die Sache eintreten wollen und fragen: „Wo braucht ihr Geld?" Als ich einer Unterstützerin sehr konkret vorgeschlagen habe, dass wir ein neues Auto für unsere Mitarbeitenden im Kinder- und Jugendschutz bereitstellen möchten, war die Dame wirklich begeistert. Sie wollte nicht wissen, welche Marke wir anschaffen, wann genau es wie im Einsatz sein wird oder wie viele Kilometer es im Jahr fahren wird.

*NT: Sie hat euch und eurer Arbeit vertraut!*

SK: Ganz genau. Ich konnte ihr einen konkreten Bereich nennen, in dem ihre Spende einen echten Bedarf decken würde – davon war sie begeistert. Das war genau das Thema, das sie gern unterstützen wollte. Und selbstverständlich sind wir mit dieser Spende wirtschaftlich sinnvoll und absolut effizient umgegangen. Heute fährt ein solider Kleinwagen mit einem tollen Aufdruck, der für Kinderrechte wirbt, unsere Mitarbeitenden zu ihren Einsätzen in der Region. Und diese Gespräche können alle unsere Mitarbeitenden führen. Das ist auch noch ein wichtiger Punkt. Es muss Transparenz über die Notwendigkeit von Spenden und Drittmitteln herrschen. Die Botschaft, dass wir hier gemeinsam gesellschaftliche Verantwortung übernehmen, muss vom gesamten Team getragen werden: Wir brauchen Spenden und Fördermittel – ihr seid alle Fundraiser!

*NT: Vielen Dank für das Gespräch!*

## 9. Danke!

Es war uns eine große Freude, diesen Leitfaden zu schreiben. Dabei unterstützt haben uns vor allem die vielen tollen Gesprächspartnerinnen und -partner. Ihr habt mit euren Erfahrungen und Gedanken wertvolle Impulse gegeben und vor allem Blicke über unseren Tellerrand ermöglicht!

Ein großes Dankeschön, dass Ihr euch die Zeit genommen habt: Rupert Antes, Jens Busch, Ruth-Anne Damm, Bryan Fellbusch, Lena Hartmann, Dennis Hoenig-Ohnsorg, Sarah Keller, Harald Maas und Rebecca Rank.

Danke auch an unsere Lektorin Isabel Krieger, die uns bei unserem ersten Buchprojekt mit Neugierde, einem unglaublich klaren Blick und großer Offenheit begleitet und beraten hat – danke dir!

Alles, was wir in diesem Buch gesammelt haben, durften wir gemeinsam mit unseren Kolleginnen und Kollegen bei ZWEITZEUGEN e. V. und der Zukunftswerft gUG lernen. Ihr seid ein großer Teil dieses Buchs! Und last but not least: Danke an unsere Freundinnen und Freunde und an unsere Familien – ganz besonders an Magnus Hüttenberend und René Schwedler –, die mit Rat, Tat, Rückenfreihalten, Motivation und liebevollen Ermutigungen die gesamte Zeit an unserer Seite waren.

## Literaturverzeichnis

Darley, J. M./ Latané, B. (1968): *Bystander intervention in emergencies. Diffusion of responsibility.* Journal of Personality and Social Psychology, 8, S. 377–383.

Gordon, T. (2017): *Gute Beziehungen. Wie sie entstehen und stärker werden.* Stuttgart: Klett-Cotta.

Gottman, J. M. (1994): *What predicts divorce? The relationship between marital processes and marital outcomes.* Lawrence Erlbaum Associates, Inc.

Kohnke, O. (2000): *Die Anwendung der Zielsetzungstheorie zur Mitarbeitermotivation und -steuerung.* In: Zielvereinbarungen erfolgreich umsetzen. Wiesbaden, 2000, S. 37–39; nach Locke und Latham.

Lewicki, R. J./ Bunker, B. B. (1996*): Developing and Maintaining Trust in Work Relationships.* In: Kramer, R. M./ Tyler, T. R. (Eds.): Trust in Organizations. Frontiers of Theory and Research (S. 114–139). Sage Publications.

Luhmann, N. (2000): *Organisation und Entscheidung.* Opladen/Wiesbaden: Westdeutscher Verlag GmbH.

Mayer, R. C./ Davis, J. H./ Schoorman, F. D. (1995): *An integrative model of organizational trust.* Academy of Management Review, Vol..20 (No.3), S. 709–734.

Rogers, C. R. (Hrsg.; 2018*): Entwicklung der Persönlichkeit. Psychotherapie aus der Sicht eines Therapeuten* (Fachbuch, 21. Auflage). Stuttgart: Klett-Cotta.

Rogers, C. R./ Farson, R. E. (1987): *Active Listening.* In: Newman, R. G./ Cohen, M./ Danziger, M. A. (Eds.): Communicating in business today. Lexington, Mass.: D. C. Heath and Co.

## Stichwortverzeichnis